ANTI-NELSON RODRIGUES

NELSON RODRIGUES

ANTI-NELSON RODRIGUES

Peça psicológica em três atos
1974

4ª edição

Posfácio: Theotonio de Paiva

EDITORA
NOVA
FRONTEIRA

© 1974 by Espólio de Nelson Falcão Rodrigues

Direitos de edição da obra em língua portuguesa no Brasil adquiridos pela EDITORA NOVA FRONTEIRA PARTICIPAÇÕES S.A. Todos os direitos reservados. Nenhuma parte desta obra pode ser apropriada e estocada em sistema de banco de dados ou processo similar, em qualquer forma ou meio, seja eletrônico, de fotocópia, gravação etc., sem a permissão do detentor do copirraite.

EDITORA NOVA FRONTEIRA PARTICIPAÇÕES S.A.
Rua Candelária, 60 — 7.º andar — Centro — 20091-020
Rio de Janeiro — RJ — Brasil
Tel.: (21) 3882-8200

DADOS INTERNACIONAIS DE CATALOGAÇÃO NA PUBLICAÇÃO (CIP)
(CÂMARA BRASILEIRA DO LIVRO, SP, BRASIL)

Rodrigues, Nelson, 1912-1980
    Anti-Nelson Rodrigues / Nelson Rodrigues. – 4. ed. – Rio de Janeiro: Nova Fronteira, 2021.
    152 p.

    ISBN 978-65-56401-94-2

    1. Artes cênicas 2. Dramaturgia 3. Teatro brasileiro I. Título.

21-57557   CDD-792

Índices para catálogo sistemático:
1. Teatro   792
Aline Graziele Benitez – Bibliotecária – CRB-1/3129

SUMÁRIO

Programa de estreia da peça 7
Personagens 9
Primeiro ato 11
Segundo ato 51
Terceiro ato 87

Posfácio 133
Sobre o autor 145
Créditos das imagens 149

Programa de estreia de ANTI-NELSON RODRIGUES, apresentada no Teatro do SNT, Rio de Janeiro, em 28 de fevereiro de 1974

BLÉC BÊRD
apresenta

ANTI-NELSON RODRIGUES
de Nelson Rodrigues

Elenco (por ordem de entrada em cena):

OSWALDINHO	José Wilker
TEREZA	Sonia Oiticica
GASTÃO	Nelson Dantas
SALIM SIMÃO	Paulo Cesar Pereio
HELE NICE	Iara Jati
JOICE	Neila Tavares
LELECO	Carlos Gregorio

Direção de Paulo Cesar Pereio
Cenários e figurinos de Regis Monteiro

PERSONAGENS

Oswaldinho
Tereza
Gastão
Salim Simão
Hele Nice
Joice
Leleco
Ela (mãe de Joice)

PRIMEIRO ATO

(O fundo musical da peça é sempre o tango "A media luz".[1] Casa de Oswaldinho. Rapaz de praia, moreno de sol, bonito e atlético. Abre um pequeno cofre de joias. Escolhe entre pulseiras, colares, brincos. Entra Tereza.)

TEREZA — *(assombrada)* — Que é que você está fazendo aí?

OSWALDINHO — *(atônito)* — Eu? Nada. *(ao mesmo tempo ele põe algumas joias no bolso)*

TEREZA — As minhas joias!

---

[1] "A media luz": tango famoso de Edgardo Donato (música) e Carlos Lenzi (letra), de 1924, símbolo dos casos amorosos secretos e complicados.

OSWALDINHO *(num rompante)* — A senhora sai, volta! Quem manda a senhora voltar?

TEREZA — Me dá as joias, imediatamente.

OSWALDINHO — Até logo, mamãe!

TEREZA *(barrando-lhe a passagem)* — Ou pensa que vai sair daqui com as minhas joias!

OSWALDINHO — Mamãe, quer sair da frente?

TEREZA — Chamo a polícia, a radiopatrulha, seu ladrão.

OSWALDINHO *(lento e maligno)* — Sou ladrão, e daí?

TEREZA *(soluçando)* — Cínico, cínico.

OSWALDINHO *(tirando um cigarro)* — Pois chame a polícia. Quer chamar? Chama.

TEREZA *(possessa)* — Eu te meto a mão na cara! *(Oswaldinho acende o isqueiro, mas ao ouvir falar em mão na cara, fica com o isqueiro aceso e tira o cigarro da boca)*

OSWALDINHO *(desfigurado)* — Não me encoste a mão. *(Oswaldinho oferece o rosto)* Agora, a senhora vai meter a mão na minha cara.

TEREZA — Sou sua mãe. *(estende para o filho as duas mãos crispadas)*
OSWALDINHO — Mas tem medo. *(trinca o riso)* Minha mãe tem medo!
TEREZA — Você fala como se. E se eu te esbofeteasse?

(Oswaldinho acende o cigarro, na sua curiosidade aterrada.)

TEREZA — Você faria o quê?
OSWALDINHO — Se quer saber, me esbofeteia. Pronto, me esbofeteia!
TEREZA *(de novo agressiva)* — E se fosse, não eu, mas teu pai?
OSWALDINHO *(desatinado)* — Não fale no meu pai!
TEREZA *(triunfante)* — Dele você tem medo.
OSWALDINHO *(cego de ódio)* — Medo desse sujeito? Eu? Meu pai que não se. Ou você não me conhece? Um sujeito que.
TEREZA *(numa histeria)* — Não chama seu pai de sujeito que Deus castiga!
OSWALDINHO — Meu pai é culpado, meu pai.

TEREZA — *(desesperada)* — Teu pai é culpado de quê? *(a luz passa para outro lado do palco iluminando agora Gastão, marido de Tereza e pai de Oswaldinho. Tereza entra na luz. Diálogo anterior. Gastão tem um copo de uísque e roda com o dedo a pedrinha de gelo)*

GASTÃO — Não aguento mais as minhas insônias.

TEREZA — Mas os negócios não vão bem?

GASTÃO — Minha mulher, você parece até que. Estou falando de negócios?

TEREZA — *(está passando escova nos cabelos)* — Pensei que.

GASTÃO — Há qualquer coisa errada nesta casa.

TEREZA — *(arrebatada)* — Já sei. É Oswaldinho.

GASTÃO — É meu filho, teu filho!

TEREZA — Já começa você. Sempre a mesma coisa, sempre a mesma coisa!

GASTÃO — Não amola você também. Quando se trata desse rapaz, você fica cega. Sabe da última do seu filho?

TEREZA — *(cortante)* — Não quero saber.

GASTÃO — — Outro cheque sem fundo.

TEREZA — — E sabe por quê?

GASTÃO — — Porque é um irresponsável, sim, senhora!

TEREZA — — E você? Gosta do seu filho? Gosta?

GASTÃO — *(como se cuspisse as palavras)* — Você não toma jeito.

TEREZA — — Mas não respondeu! Quero saber se você gosta do seu filho, se tem amor pelo seu filho. Responda! Tem?

GASTÃO — — Estou falando de cheque sem fundo, mulher idiota!

TEREZA — — Eu sei quem é idiota. *(muda de tom)* E sabe por que ele passa cheque sem fundo? Porque você é um milionário que chora cada tostão!

GASTÃO — — Minha mulher. Um momento. Não vamos gritar. Você já reparou que nós perdemos a vergonha dos vizinhos, dos criados? Todo mundo, neste edifício, ouve as nossas discussões! Mas ouve. Estou falando baixo.

TEREZA — *(contida)* — Você é um cavalo!

GASTÃO — — Tereza, eu estou calmo. Claro que o banco telefonou e eu mandei cobrir o cheque, claro. Mas o que é mesmo que eu queria te dizer? Ah, já sei. Acontece com meu filho uma coisa que. Engraçado, cada olho de meu filho olha de uma maneira diferente. Um olho pode ser doce e o outro cruel, assassino.

TEREZA — — Vê se diz coisa com coisa!

GASTÃO — *(acariciante e ameaçador)* — Tereza, agora não estamos brigando, Tereza. Eu estou conversando. Percebeu?

TEREZA — — Estou cheia!

GASTÃO — *(meio alado, sem ouvi-la)* — Ontem meu filho me olhou como se. E não estou bêbedo, Tereza. Meu filho me olhou como se desejasse a minha morte. Fique sabendo que Oswaldo.

TEREZA (*sofrida*) — Você diz Oswaldo, nunca Oswaldinho. Não faz a seu filho a graça de um diminutivo. *(Tereza levanta-se e caminha na direção do filho que ainda está na sombra. Luz ainda sobre Gastão)*

GASTÃO — O pior são as minhas insônias, Tereza. Passo todas as noites em claro. E, se eu morrer, continuarei em claro, morto e sem sono.

(Luz para Oswaldinho e Tereza.)

TEREZA — Teu pai é culpado de quê?

OSWALDINHO — O culpado é meu pai, que não morre! Meu pai não morre e eu tenho que roubar!

TEREZA — Sabe que. Às vezes, eu penso, ouviu? Chego a pensar que.

OSWALDINHO — Chega a pensar?

TEREZA *(agarrando-se ao filho)* — Oswaldinho, eu não acredito que você. Você não desejaria a morte do seu pai. Você é bom, Oswaldinho, você é bom!

OSWALDINHO — E meu pai?

TEREZA — Gastão tem loucura por você. *(rápido, Oswaldinho agarra a mãe pelos dois braços)*

OSWALDINHO — Por que a senhora mente?

TEREZA *(soluçando)* — É verdade!

OSWALDINHO — Então, a senhora vai jurar, aqui, agora. Mas jurar pela alma de sua mãe. Vovó morreu de câncer. Jura pelo câncer de sua mãe que papai nunca desejou a minha morte?

TEREZA — Juro.

OSWALDINHO *(fora de si)* — E o caso da italiana? Aquela cara que andava comigo. A princípio, tomava pílulas. Mas pensou que podia se casar comigo.

TEREZA — Para que eu não quero ouvir mais nada.

OSWALDINHO — Você vai ouvir tudo. A italiana resolveu ficar grávida. E veio falar com papai. Fazia chantagem com a gravidez. Depois, papai veio para casa e teve uma discussão com a senhora. Eu cheguei no meio da discussão. E ouvi o que papai disse. Ou não está lembrada? Disse que desejava que o pai da italiana me desse um tiro. Eu ouvi tudo. Ouvi meu pai dizer que, se eu morresse, seria o dia mais feliz *(desatinado)*, o dia mais feliz da vida dele. Minto? Responde. Minto?

TEREZA *(sôfrega)* — Não foi bem assim. E seu pai se arrependeu. Juro que.

OSWALDINHO — Quer saber de uma coisa?

TEREZA *(súplice)* — Não me faça mal.

OSWALDINHO — Essa conversa está me enojando. A senhora quer, não quer, as suas joias? *(Oswaldinho está tirando as joias do bolso)*

TEREZA *(aterrada)* — Mas o que é isso?

OSWALDINHO — Vou lhe devolver tudo.

TEREZA *(desesperada)* — Escuta, Oswaldinho.

OSWALDINHO — Toma suas joias.

TEREZA — Você não me entendeu. *(Tereza está rindo e chorando)* Não quero minhas joias.

OSWALDINHO — A senhora me chamou de ladrão.

TEREZA — Ouve sua mãe. É o seguinte: — às vezes, as palavras falam demais. Dizem mais do que eu queria dizer. Mas agora eu estou dando. Juro por tudo. Juro por minha mãe, pela alma de minha mãe. Pode levar, Oswaldinho.

OSWALDINHO — Mamãe, você.

TEREZA *(interrompendo impulsivamente)* — Ainda bem que você me chama de você. Meu filho, quantas vezes lhe disse para não me chamar de senhora?

OSWALDINHO — Isso não interessa. O que interessa. Não chora, mamãe, não chora. O que interessa é que todos aqui me condenam.

TEREZA — Eu, não!

OSWALDINHO — Você também. Você me condena, meu pai me condena. Mas escuta. *(grita)* E para de chorar!

TEREZA — Não estou chorando!

OSWALDINHO — Mas foi a última vez. E até logo, que eu não aguento mais.

(Tereza agarra o filho.)

TEREZA — Quero ainda te dizer uma coisa.

OSWALDINHO — Agora, não!

TEREZA *(grita)* — Oswaldinho! *(Tereza, abraçada ao filho, escorrega ao longo do seu corpo. Está de joelhos, abraçada às suas pernas)*

OSWALDINHO — Que é isso? Não faça isso!

TEREZA *(com sua desesperada doçura)* — Assim eu sei que você vai me escutar.

OSWALDINHO — Mas levanta.

TEREZA — Não tenho vergonha de me ajoelhar para o meu filho. Oswaldinho, eu não tenho nada. Fracassei como mulher. Teu pai não gosta de mim, nem gostou nunca. Meus namorados não gostavam de mim. Eu não tenho nada, mas tenho meu filho. Não me interessam os outros, teu pai pode ter as amantes dele, se meu filho gostar de mim. *(como uma loba ferida)* Eu preciso de você. *(doce e perdida)* Você gosta um pouquinho de mim? Não precisa muito. Um pouquinho. Gosta?

OSWALDINHO — *(com uma pena, não isenta de asco)* — Gosto.

TEREZA — *(ainda está abraçada às suas pernas)* — Ah, querido!

OSWALDINHO — *(saturado)* — Agora levanta. *(Oswaldinho ajuda a mãe a erguer-se)*

TEREZA — — Não me acha uma chata?

OSWALDINHO — *(farto)* — Oh, mamãe!

TEREZA — — Quando eu gosto, tenho medo de ser chata.

OSWALDINHO — — Eu vou, que estão me esperando.

TEREZA — *(sôfrega)* — Não leva as joias?

OSWALDINHO — — São suas. Não quero.

TEREZA — *(apanha as joias)* — Toma, meu filho, toma!

OSWALDINHO — — Não insista, que.

TEREZA — — Mas eu estou dando. Faço questão. Você faz o que

	quiser com as joias. Não me interessa.
OSWALDINHO	— Está bom. *(apanha as joias e as embolsa)*
TEREZA	*(com ardente humildade)* — Mereço um beijo?

(Oswaldinho roça com os lábios a testa de Tereza.)

TEREZA	— Deus te abençoe.
OSWALDINHO	— Tchau. *(Oswaldinho dá três passos, para, retrocede)* Ah, mamãe. Eu tenho uma coisa para pedir à senhora. A você. Mas não sei se.
TEREZA	*(arrebatada)* — A mim, você pode pedir tudo.
OSWALDINHO	— É o seguinte: — Morreu o presidente da Fábrica de Confecções.
TEREZA	— Enfarte.
OSWALDINHO	— Estou cheio, mamãe, de receber gorjetas de papai, de você. Queria ter uma função numa de nossas empresas. Afinal, sou filho único, vou herdar tudo.

	Será que a senhora, *você*, mamãe, era capaz de.
TEREZA	— Você quer ser o presidente?
OSWALDINHO	— Quero. Presidente. Me formei pra quê? Você não acha?
TEREZA	— Mas claro!
OSWALDINHO	— E a senhora fala com papai?
TEREZA	— Pode deixar por minha conta. *(a luz passa para a casa de Salim Simão,[2] em Quintino. Ele, pai de Joice, é bonito, velho, com os cabelos de um branco sedoso, bem-vestido, paletó cintado, colarinho e punhos engomados. Salim Simão está com Hele Nice, criada da casa, negra, de ventas triunfais, busto enorme. O dono da casa anda de um lado para outro, em largas e furiosas passadas)*

---

[2] Salim Simão: jornalista do Rio de Janeiro muito conhecido. Assim como fez com o repórter Arnaldo Ribeiro, de *O beijo no asfalto*, Nelson mistura, entre os personagens fictícios, seu amigo Salim Simão, e ainda a sua suposta filha Joice.

SALIM — E minha filha que não chega! A que horas ela telefonou, Hele Nice? Uma?

HELE NICE — Duas.

SALIM *(começa a chorar e para)* — São cinco, Hele Nice, são cinco! E ela disse: — "Volto já." E quedê?

HELE NICE — Dr. Salim, é a condução, dr. Salim!

SALIM — Mas quando minha filha sai, meu Deus, penso o diabo. Quando eu era solteiro, tinha uma vizinha que era uma moreninha linda! Estava na calçada, veio um táxi, trepou no meio-fio e achatou a menina contra o muro. Morreu na hora.

HELE NICE — Não fala assim, dr. Salim, pelo amor de Deus!

SALIM — É, vamos mudar de assunto. Mas o que é mesmo que eu estava dizendo? Já sei. Me mandaram fazer a nota e eu escrevi. O dono do jornal começou a ler e, de repente, deu um pulo. "Quem é que escreveu *entrementes*? Quero saber o nome do redator que escreveu *entrementes*!"

HELE NICE — Seu patrão era neurastênico!

SALIM — Me chamaram e eu fui lá. O dono do jornal espumava. "Foi você que escreveu *entrementes*? No meu jornal não sai *entrementes*. Tira essa *bosta*." Apanhei a matéria e botei lá outra palavra. Leu e picou a matéria e jogou para o alto como confete. "Riscou *entrementes* e pôs *outrossim*. No meu jornal, não sai *outrossim*." E disse mais: — "Você não pode escrever sobre o brigadeiro."

HELE NICE — Por que é que o senhor não passou uma esculhambação no cara?

SALIM — Hele Nice, não diz isso na casa de Joice. Esculhambação é a palavra mais feia da língua. Eu disse *bosta*, porque a minha filha não está em casa. Mas o dono do jornal demitia e nomeava ministro pelo telefone. Tinha uma coragem cívica formidável. E, todos os dias, apanhava uma surra da mulher. *(entra Joice)*

JOICE — *(radiante)* — Grandes novidades.

SALIM — — O susto que você me deu. *(antes de abraçar a filha, Salim beija-lhe a mão)*

JOICE — — Ih, papai, você anda nervoso.

SALIM — *(berrando)* — Você sai de manhã *(chora)* e volta agora. *(singularidade no comportamento de Salim: quando se exalta, e ele se exalta sempre, chora um pouquinho, logo se recupera)*

JOICE — — Foi o emprego, papai.

SALIM — — Almoçou? Não almoçou!

JOICE — — Nem me lembrei!

HELE NICE — — Vou fazer um pratinho.

JOICE — — Agora estou com fome. Hele Nice, o que é que tem?

HELE NICE — — Guardei o ensopadinho do almoço.

JOICE — — Quero.

SALIM — — Está muito bom.

JOICE	— Faz um ovo. Espera aí. Ovo não, que me ataca o fígado. Só o ensopadinho. Traz correndo. *(sai Hele Nice. Para Salim)* Agora, podemos conversar. Arranjei o emprego.
SALIM	— Estou com esse emprego por aqui!
JOICE	*(como se o velho fosse um menino)* — Fica quieto, quietinho. Começo amanhã.
SALIM	*(chorando e parando de chorar)* — E começa amanhã!
JOICE	— Horário das oito às cinco.
SALIM	*(dá passadas furiosas)* — Bonito! Das oito às cinco. *(chora e para)* E que mais?
JOICE	— Que mais? Ah, seiscentos cruzeiros para começar. *(entra Hele Nice com o prato)*
HELE NICE	— Quentinho do fogo!
JOICE	— Fome danada!
HELE NICE	*(que pôs o pratinho na mesa)* — Senta aqui.
JOICE	— Não estou com vontade de sentar. *(Joice apanha o

prato e fica em pé, comendo o ensopadinho com o garfo)

HELE NICE — Tem mamão.

SALIM — Meu amorzinho, esse emprego não interessa.

JOICE — Papai, se você visse como me trataram. É uma gente legal. Nem me conheciam e me receberam como se. Entende, papai?

SALIM — Minha filha, eu concordei. Mudei de opinião.

JOICE — Papai, o senhor hoje está muito levado. Menino impossível!

SALIM — Agora eu quero saber o seguinte: o que é que teu noivo diz?

JOICE *(sem entender)* — Meu noivo?

SALIM — Que é que ele diz do teu emprego?

JOICE — Nada.

SALIM *(furioso)* — É teu noivo e não diz nada?

JOICE — Quando conversamos, disse que o problema era meu.

SALIM — Só teu? Mas ele não é o homem do casal? Ao menos, tem ciúmes de ti?

JOICE — Confia em mim.

SALIM *(como num comício)* — Então, minha filha, escuta. Eu também confiava em tua mãe. Era uma santa. E quantas vezes fui pra esquina espiar se entrava homem na minha ausência? Minha filha, isso é a natureza das coisas. Agora você vai me dizer uma coisa: *(rápido e incisivo)* — Você ama seu noivo?

JOICE — Gosto.

SALIM *(exultante)* — Minha filha, não é isso. Gostar, a gente gosta de todo mundo. Pergunto se você ama? Não é gostar, é amar.

JOICE — Papai, quer saber de uma coisa? Não me sinto capaz de paixões. Não vou me apaixonar nunca.

SALIM — Isso não é amor.

JOICE — É meu jeito de amar.

SALIM *(anda de um lado para outro, furioso)* — Não, senhora. Ama coisa nenhuma. Você não fala no seu noivo. Nunca! Não toca no seu nome. Como se ele não existisse. Ele não existe.

JOICE *(divertida)* — Mas é com ele que vou casar.

SALIM — Joice, escuta, Joice. Ontem, estive observando. Meia hora sem uma palavra. Um silêncio sentado com outro silêncio. Passo meses sem ouvir um pigarro do teu noivo. Já me dava por satisfeito com um pigarro.

JOICE — Agora você vai me escutar.

SALIM *(chorando)* — Está rindo de mim. *(para o choro)* Mas olha. Nenhuma mulher é obrigada a se casar. *(berra)* Sexo é pra operário!

JOICE *(começa a rir)* — Não estou rindo, papai! Juro que não estou rindo!

(Luz sobre Gastão e Tereza.)

GASTÃO — Minha mulher, queria que você me explicasse uma coisa.

De manhã, passei pelo meu filho e ele disse: — "A bênção, papai."

TEREZA — *(triunfante)* — Não disse que meu filho é muito melhor do que você pensa?

GASTÃO — — Mas por quê? Não entendo. Meu filho não me pede a bênção desde a última surra que apanhou de mim, há vinte anos. Vinte anos, não é? Tinha oito. Vinte anos, sim. *(muda de tom)* Mas deixa pra lá.

TEREZA — — Gastão, preciso falar contigo.

GASTÃO — — Sobre o nosso filho?

TEREZA — — Sobre Oswaldinho.

GASTÃO — — Pelo amor de Deus!

TEREZA — *(contida)* — É uma conversa, não uma discussão!

GASTÃO — — Tudo, menos bate-boca!

TEREZA — *(ameaçadora)* — Quem falou em bate-boca?

GASTÃO — — Converso contigo. *(duro)* Mas amanhã.

TEREZA — — Tem que ser agora.

GASTÃO (*andando de um lado pro outro, na sua fúria impotente*) — As mulheres são tão burras, tão burras, que sempre escolhem a hora errada. No momento, estou até com certa boa vontade com Oswaldinho.

TEREZA (*radiante*) — Você disse o diminutivo.

GASTÃO — Disse o diminutivo, sou uma besta. (*muda de tom*) Mas escuta, Tereza. Com o meu filho, estou sempre com o pé atrás. Desta vez, confesso, eu fiquei pensando: "Quem sabe?"

TEREZA (*impulsivamente*) — Gastão, Oswaldinho não é o que você pensa.

GASTÃO — Mas, ouve. Um momento, Tereza, dois falando não dá.

TEREZA — Ah, meu Deus!

GASTÃO — Não queria estragar o momento. É uma ilusão. Mas compreende? Permita que eu tenha uma ilusão.

TEREZA — *(sôfrega)* — Não é nada demais. É um pedido.

GASTÃO — *(sardônico)* — Nada demais, só um pedido! Olha, Tereza. Vou mostrar como eu te conheço. Esse pedido, que você vai me fazer, é uma bomba. Ouve o que estou te dizendo.

TEREZA — *(fremente)* — Posso falar?

GASTÃO — — Um momento. Antes do pedido, quero te contar uma história. E você vai me dar sua opinião. É o seguinte: — Há um ano eu recebo, uma vez por semana, uma carta anônima.

TEREZA — *(tensa)* — E daí?

GASTÃO — — Está nervosa, Tereza?

TEREZA — — Não seja idiota!

GASTÃO — — A carta anônima começa sempre assim: "Meu prezado chifrudo." *(melífluo, adocicado)* E não pense que é o único insulto. Pelo contrário, esse é o insulto mais delicado. Nunca se disse de um homem, Tereza — nunca! — o que a carta anônima diz de mim.

Me chama de pederasta, o diabo. Agora te pergunto: — Quem será, das nossas relações, o autor da carta anônima?

TEREZA — O que é que eu tenho com isso?

GASTÃO — Tereza, se eu sou chifrudo, você tem com isso, se tem! *(novamente sério)* Você quer arriscar um nome?

TEREZA — Não me interessa.

GASTÃO *(incisivo)* — Pois, então, olha. Não tenho provas. Mas sei quem é, sei! Queres o nome ou tens medo?

(Pausa.)

TEREZA — Quem é?

GASTÃO — Teu filho!

TEREZA *(histericamente)* — Seu sujo! Indecente! De você só tenho nojo, nojo!

GASTÃO *(severo)* — Faz agora o pedido.

TEREZA *(procura recuperar-se da crise de ódio)* — Meu Deus, meu Deus!

GASTÃO   *(acende um cigarro, com a mão trêmula)* — Faz o pedido.

TEREZA   *(de perfil para Gastão)* — Morreu o presidente da fábrica.

(Pausa.)

GASTÃO   — Continua.

TEREZA   *(virando, violenta)* — E eu te peço, por tudo que há de mais sagrado, que você dê o lugar ao nosso filho.

GASTÃO   *(em voz baixa)* — O lugar de presidente de uma fábrica que vale, na pior das hipóteses, oito milhões?

TEREZA   *(chorando)* — Pelo amor de Deus, Gastão! Nosso filho é engenheiro, merece!

GASTÃO   *(fora de si)* — E você disse que era conversa, e não bate-boca!

TEREZA   — Sou casada em comunhão de bens. Você tem uma metade e eu a outra. Posso querer um presidente.

GASTÃO — Está de porre! Está pensando que eu sou o quê? E como você é chata! Chata!

TEREZA — Pode me xingar. Não tenho medo dos seus berros.

GASTÃO *(no seu riso feroz)* — Agora eu compreendo por que me pediu a bênção. Não era a bênção, era a presidência. Desista.

TEREZA — Não desisto! E outra coisa. Se está com ódio de mim, por que não cospe na minha cara?

(Gastão, que andava de um lado para outro, estaca diante da mulher.)

GASTÃO — Como se cuspir na tua cara fosse a solução. *(muda de tom)* Não me desafie, Tereza! Não me desafie!

TEREZA — Por meu filho, eu, está ouvindo? Não tenho medo de ninguém! Sou capaz até de matar...

GASTÃO *(de costas para a mulher, falando com pouca voz)*

— Que mulher é você? *(como se falasse para si mesmo)* É a tal que não ama, nem se deixa amar. Por causa dos nossos bate-bocas, eu fui hoje ao dr. Murad,[3] tirar um eletro. *(vira-se para a mulher)* E o dr. Murad me disse: — "Não se aborreça, não se aborreça." Não me aborrecer se tenho essa mulher e esse filho? Fique sabendo que agora, neste momento, estou com uma dor aqui, com irradiação pelo braço esquerdo.

TEREZA — Nomeia ou não nomeia meu filho?

GASTÃO — Minha mulher, tire isso da cabeça! Dar a presidência a um idiota?

TEREZA — Mais inteligente do que você.

GASTÃO — Enquanto eu for vivo, ele não vai ser presidente de coisa

---

[3] Dr. Murad: referência ao dr. Stans Murad Neto, que será mencionado mais adiante na peça. Conhecido cardiologista do Rio de Janeiro, nascido no Espírito Santo. Destacava-se tanto na clínica como no ensino universitário.

nenhuma. Nunca. Mas faz o seguinte: espera a minha morte, espera. Não sou eterno. Vou morrer um dia — todos não morrem?

(Tereza cai de joelhos no meio do quarto. Cobre o rosto com as duas mãos. Soluça. Luz passa para o quarto de Oswaldo. O rapaz está de calça de pijama, nu da cintura para cima. Dorme com o travesseiro por cima da cabeça. Entra Gastão com Tereza. Há um tabloide em cima da cama. Gastão apanha o jornal.)

GASTÃO — Olha a leitura do teu filho.

TEREZA — O que é isso?

GASTÃO — *O Pasquim*; tinha que ser *O Pasquim*.

TEREZA — Esqueça, Gastão. Eu te jurei. O negócio de briga acabou entre nós.

GASTÃO — Mas continua a dor no braço esquerdo.

TEREZA *(senta-se na cama) —* Oswaldinho! Oswaldinho! Acorda, meu filho.

OSWALDINHO *(revira-se na cama, resmunga) —* Me deixa dormir!

GASTÃO — Acorda teu filho, antes que me arrependa.

TEREZA — Oswaldinho, anda! Teu pai está aqui.

(O rapaz apoia as mãos na cama, sem se virar.)

TEREZA — Teu pai!

(Oswaldinho vira-se num movimento ágil, elástico.)

OSWALDINHO — Ah, papai! *(Oswaldinho sacode a cabeça para espantar a sonolência)*

TEREZA *(sôfrega)* — Teu pai quer te dar uma notícia.

OSWALDINHO — Notícia?

GASTÃO *(de costas para o filho)* — Oswaldinho, eu e tua mãe resolvemos que você será o novo presidente da fábrica.

(Pausa. O rapaz está maravilhado.)

OSWALDINHO — Mas eu? Eu!

TEREZA	*(lança-se nos braços do filho, beijando-o)* — Você merece! *(Tereza ri por entre lágrimas)*
OSWALDINHO	— Chorando, mamãe?
TEREZA	— É o dia mais feliz da minha vida.

(Oswaldinho vira-se para o pai. Impulsivamente, apanha e beija a mão do pai.)

GASTÃO	— Oswaldinho, agora você vai se vestir e vamos descer juntos. Quero apresentar você ao pessoal.

(Gastão abandona o quarto. Ficam Tereza e Oswaldo. Os dois falam baixo.)

OSWALDINHO	— Mas como foi isso?
TEREZA	— Vencemos! Vencemos!
OSWALDINHO	— Quero saber como.
TEREZA	— O que eu não faço por você. Teu pai não queria ceder. Mas eu disse a ele: — "Se você não fizer isso, eu me mato."
OSWALDINHO	— Mas era cascata!

TEREZA — Não era. Eu estava tão desesperada, mas tão! Meu filho, você não conhece tua mãe. Sou meio louca e.

OSWALDINHO — Puxei a você, mamãe.

TEREZA — Você não tem nada do seu pai.

OSWALDINHO — Aqui entre nós, meu pai está fazendo uma espécie de suborno comigo.

TEREZA — Meu filho. Não fala assim. Vamos reconhecer que. O fato é que ele te nomeou.

OSWALDINHO — O resto não interessa. Vou tomar banho correndo. Um beijo, mamãe. *(Oswaldinho atira um beijo para a mãe)*

(Luz passa para Gastão. Chega Tereza.)

GASTÃO — Tereza, sabe o que é que está me interessando, agora?

TEREZA — Veja o que vai dizer.

GASTÃO — É o seguinte: eu fiz o que você queria e que Oswaldo queria. Você está satisfeita comigo, ele está satisfeito

	comigo. Será que vão parar as cartas anônimas?
TEREZA	— Não te entendo.
GASTÃO	— Ora, Tereza. *(vivamente)* Vamos admitir que não chegue mais uma carta anônima. Se não chegar mais nenhuma carta anônima, ficarei sabendo que, de fato, o autor é meu filho.

(Luz passa para Oswaldinho, no escritório. Entra Leleco.)

LELECO	*(com alegre intimidade)* — Pode-se entrar, chefe?
OSWALDINHO	— Que tal, hem, Leleco?
LELECO	*(abrindo o gesto)* — Presidente da Indústria "Beija-Flor de Confecções"!
OSWALDINHO	*(esfregando as mãos)* — Estás besta?
LELECO	— Bestíssimo. Você não avisa nada! Como foi isso?
OSWALDINHO	— História muito comprida. Depois te conto.
LELECO	— Estou nessa?

OSWALDINHO — Vou arranjar um aumento aí pra você. Já sei. Meu assessor. Assessor da presidência!

LELECO — Não mereço tanto.

OSWALDINHO — Agora eu posso. Mas há um porém.

LELECO — Qual é o papo?

OSWALDINHO — É o seguinte: estás mais sujo do que pau de galinheiro lá em casa.

LELECO — Que mágica besta!

OSWALDINHO — Pois é. Meu pai te chama de cáften!

LELECO *(amargo)* — Boa piada...

OSWALDINHO — Meu pai é tão antigo que diz cáften como antigamente. E não cafetão. O velho acha que você arranja mulher pra mim. *(muda de tom)* Mas estás chateado?

LELECO — Sei lá.

OSWALDINHO — Estou te estranhando. Desde quando tens escrúpulos, rapaz?

(Em silêncio, Leleco anda de um lado para outro.)

OSWALDINHO — Sabe quando é que eu gosto de você? Você se lembra do pai daquela menina? Aquele que te chamou de canalha. Você vira-se e pergunta: — "É preciso não ser canalha?" — O velho ficou com cada olho deste tamanho. Você o abotoou e disse: — "Sou canalha, seu viado." — Na presença da filha o homem começou a chorar e correu. Ele e a filha.

LELECO — Oswaldinho, não é nada disso. Para você sou o mesmo. Mas conheci uma garota que é adventista e que. Isso só conversando com calma.

OSWALDINHO — Não interessa e bola pra frente. Presta atenção. Hoje, subiu no elevador, comigo e com papai, uma garota sensacional. Todo mundo ficou olhando, inclusive papai. Ela saltou aqui e trabalha aqui.

LELECO — É a Joice!

OSWALDINHO — Exato. Trabalha a teu lado. Na saída do elevador, ela passou na frente, e eu olhei o perfil do rabo. Sabe por que eu não gosto da grã-fina? Porque tem bunda chata.

	Leleco, nunca senti por mulher nenhuma o que senti por essa garota. Incrível. Eu quero sair hoje com ela.
LELECO	— Olha aqui, Oswaldinho.

(Tereza entra.)

OSWALDINHO	— Ah, mamãe!
TEREZA	— Preciso falar com você.
OSWALDINHO	*(para Leleco)* — Sai um instante, Leleco.
LELECO	— Com licença.

(Leleco passa.)

TEREZA	— Tenho horror desse sujeito...
OSWALDINHO	— Por que horror, mamãe? É um pobre coitado. E além disso, hoje é o grande dia!
TEREZA	*(sôfrega)* — Como foi tudo?
OSWALDINHO	— Uma beleza! Muito melhor do que eu esperava. Dei um lance, mamãe. A ideia me veio de repente. A gente estava aqui e, então, eu disse a papai: — "Vou

falar com o pessoal." — Papai não entendeu. Pensou talvez que eu ia fazer algum discurso. Ficou, de longe, olhando e eu vim, de mesa em mesa, apertando a mão de todo mundo, inclusive dos contínuos.

(Tereza beija o filho.)

TEREZA — Tenho orgulho de você.

OSWALDINHO — Demagogia reles, mas o efeito, mamãe, foi formidável. Não sei se é porque sou moço.

TEREZA — E bonito!

OSWALDINHO — E a direção aqui só tem múmia. O fato é que os contínuos e a telefonista ficaram com os olhos cheios d'água.

TEREZA — Meu filho, passei aqui pra te falar um assunto muito sério. O seguinte: há um ano que, todas as semanas, teu pai recebe uma carta anônima.

OSWALDINHO *(com certa afetação)* — Carta anônima?

TEREZA — Dizendo horrores!

OSWALDINHO	— As cartas anônimas não são amáveis. E papai desconfia de alguém?
TEREZA	— Desconfia.
OSWALDINHO	— De quem, por exemplo? *(pausa)* Pode falar. É bom que a senhora diga tudo.
TEREZA	— De você, meu filho.
OSWALDINHO	*(afetando uma alegre surpresa)* — De mim? Por quê, a troco de quê?
TEREZA	— Eu não acredito.
OSWALDINHO	*(rápido e incisivo)* — Tem certeza, mamãe?

(Os dois se olham, cara a cara.)

TEREZA	*(quase sem voz)* — De vez em quando, você me assusta.
OSWALDINHO	— Mas não sou eu.
TEREZA	— Graças, graças. Mas ouve, meu filho. Teu pai acha que, agora, você está satisfeito com a presidência. E se as cartas anônimas pararem, está provado que é você.

(A luz passa para Leleco. Entra Oswaldinho.)

OSWALDINHO	— Leleco, diz à tal Joice que.
LELECO	— Não pode ser assim. Não é como as outras.
OSWALDINHO	— Todas são como as outras.
LELECO	— É preciso um romancezinho.
OSWALDINHO	— Deixa de ser burro. Você mudou, rapaz. Esse negócio de cantar mulher não existe, sua besta. O sujeito leva para um hotel de alta rotatividade. E elas vão. E, então, faz o seguinte: manda essa pequena ao meu gabinete.

(Volta a luz para Tereza. Chega Oswaldinho.)

OSWALDINHO	— Eu sei, mamãe, eu sei. Pode ir.
TEREZA	— As cartas não podem parar.

(Sai Tereza. Senta-se Oswaldinho. Aparece Joice.)

JOICE	— Dá licença.

(Cai o pano sobre o final do primeiro ato.)

FIM DO PRIMEIRO ATO

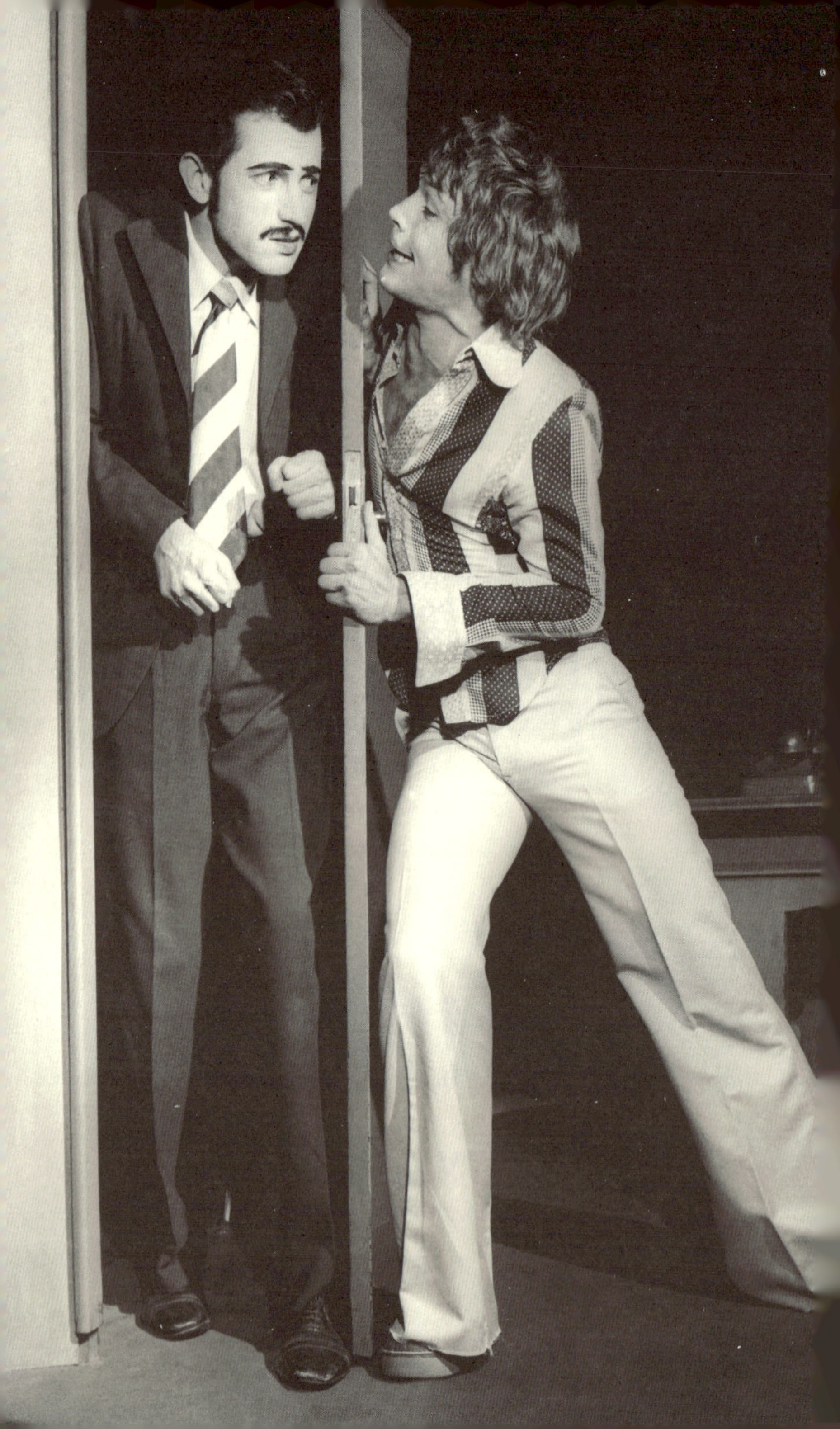

SEGUNDO ATO

(O segundo ato começa como o primeiro acaba, Joice na porta.)

JOICE	— Dá licença?
OSWALDINHO	— Pode entrar.
JOICE	— Bom dia.
OSWALDINHO	*(risonhamente)* — Já nos cumprimentamos.
JOICE	*(nervosa)* — Pois é.
OSWALDINHO	— Seu nome é Joice?
JOICE	— Joice.
OSWALDINHO	— Não é um nome comum.
JOICE	— Na minha família tem duas Joices.
OSWALDINHO	— Você é a primeira que eu conheço.

JOICE — A outra é minha prima.

OSWALDINHO — Nervosa?

JOICE — Eu?

OSWALDINHO — Parece.

JOICE — Absolutamente.

OSWALDINHO — Seu lábio *(ele põe o dedo no próprio lábio inferior)* está tremendo.

JOICE — Naturalmente, eu sou nova aqui e.

OSWALDINHO *(com certa doçura)* — Nova aqui, é?

JOICE *(impulsivamente)* — Não esperava ser chamada e. *(os dois estão de pé)*

OSWALDINHO — Sente-se.

JOICE — Com licença. *(sentam-se lado a lado)*

OSWALDINHO — Entramos nesta casa quase ao mesmo tempo? Se não me engano, a senhora começou na véspera?

JOICE — Sim, um dia antes.

OSWALDINHO — Aliás, preciso explicar. Não estranhe a mudança de tratamento. Pretendo chamá-la de *dona* e *senhora*, na presença dos outros. E de *você* e de *Joice*, quando estivermos sozinhos, como agora.

JOICE — *(risonha)* — O senhor é quem sabe.

OSWALDINHO — — Está satisfeita aqui?

JOICE — — Bastante.

OSWALDINHO — — Quer dizer que estão tratando você bem?

JOICE — — Muito. São todos bons comigo, e eu estou achando ótimo.

OSWALDINHO — *(ergue-se, anda de um lado para outro. Para, de costas para Joice)* — Quanto é mesmo que você está ganhando?

JOICE — — Seiscentos cruzeiros.

OSWALDINHO — — Você é uma menina pobre. Se está aqui, é porque precisa.

JOICE — — Realmente, preciso.

OSWALDINHO — — Acha então que é pouco?

JOICE — — Não sei se é pouco, se é muito. Só sei que é mais do que esperava.

OSWALDINHO — *(com alegre escândalo)* — Que bela franqueza. *(muda de tom)* Mas vou lhe dar um conselho: — nunca diga ao seu patrão que esperava menos.

JOICE — Não sei mentir.

OSWALDINHO — Todo mundo diz que não sabe mentir e mente. Espero que você seja um caso único.

JOICE — Só minto em caso de doença. Quando mamãe ficou muito doente, ela me chamou e perguntou se era câncer. Jurei que não era e menti até o fim.

OSWALDINHO — Fez muito bem.

JOICE — *(com certo enleio)* — Dr. Oswaldo.

OSWALDINHO — Fala.

JOICE — *(de olhos baixos e, depois, erguendo o rosto e rindo)* — Já não estou mais nervosa.

OSWALDINHO — Quer dizer que estava?

JOICE — A princípio, um pouco.

OSWALDINHO — Ah, o que é mesmo que eu queria te dizer? Já sei. Quero explicar que este interrogatório tem um sentido. Não estou conversando de graça. Imagine que estou pensando em dar a você um lugar muito especial. Um lugar de confiança.

JOICE — A mim, dr. Oswaldo? De confiança? Mas o senhor nem me conhece! *(Oswaldinho senta-se, novamente, ao lado de Joice)*

OSWALDINHO — Com esta é a terceira vez que te vejo. Vamos ver se você se lembra.

JOICE *(alegremente)* — Tenho boa memória.

OSWALDINHO — Vamos lá. Quando é que eu te vi pela primeira vez?

JOICE — A primeira? Foi no elevador, no meu segundo dia de trabalho. O senhor entrou com outro senhor, que é o seu pai. A segunda vez, quando apertou a mão de todos os empregados. E a terceira, agora.

OSWALDINHO — Isso mesmo. O que você não sabe é o seguinte: — Quando você entrou no elevador, e eu olhei pra você, senti como se não fosse a primeira vez. Foi como se eu te conhecesse de vidas passadas. Não estou brincando, não! Foi negócio estranho pra burro.

(Entra Leleco.)

LELECO — Com licença, dr. Oswaldo.
OSWALDINHO — Volta depois.
LELECO — Estão aí os americanos.
OSWALDINHO — Que americanos?
LELECO — Aquela exportação. Das duzentas mil calças.
OSWALDINHO — Estou ocupado. Manda esperar. Não. Faz o seguinte: — diz pra vir depois do almoço. *(sai Leleco)*
JOICE — Não quer que eu volte depois?
OSWALDINHO — Fica aí. Mas compreendeu? Eu conheci você, quando vi seu rosto. Nós somos a nossa cara, percebe? *(incisivo)* Conheço você como se fôssemos íntimos.
JOICE — Eu também conheço o senhor.
OSWALDINHO — Duvido.
JOICE — Estou falando sério.

OSWALDINHO — Então, vamos lá. O que é que eu sou?

JOICE — O senhor é bom.

OSWALDINHO *(entre surpreso e divertido)* — Pareço bom?

JOICE — Não. *(rapidamente)* Parece mau, mas é bom.

OSWALDINHO — Pareço, mas não sou. Acho que você está complicando.

JOICE — Estou dizendo o que sinto.

OSWALDINHO — A minha bondade não interessa. Interessa a sua. O sujeito que olha pra você sente que você tem um coração. Ou minto?

JOICE — São os seus olhos!

OSWALDINHO — Gosto quando você ri, sabe por quê? Porque vejo as duas covinhas, que você tem aqui e aqui.

JOICE — Papai é que gosta de minhas covinhas!

OSWALDINHO *(cada vez mais tenso)* — Joice, você é uma menina.

JOICE *(completando)* — Uma menina comum.

OSWALDINHO — *(vivamente)* — Não, senhora!

JOICE — — Dr. Oswaldo, eu...

OSWALDINHO — — Deixa eu falar. Você é uma menina, como não existe mais. Eu é que sou comum e mau como todo sujeito comum.

JOICE — *(rindo, feliz)* — O senhor é que se finge de mau. *(erguendo-se)* Já acabou o interrogatório?

OSWALDINHO — — Senta. Bem. No elevador, eu te conheci para sempre. Agora, quero conhecer um pouco de sua vida. Você tem pais vivos?

JOICE — — Pai, sim. Mãe, não. Meu pai talvez o senhor conheça.

OSWALDINHO — — Qual é o nome dele?

JOICE — — Salim Simão.

OSWALDINHO — *(repetindo)* — Salim Simão. *(num berro)* Espera lá! Não é o Salim Simão botafoguense, o personagem do Nelson Rodrigues?

JOICE — — Esse mesmo. *(Oswaldinho gira sobre si mesmo, fazendo um alegre escândalo)*

OSWALDINHO	— Quer dizer que o Salim Simão existe? Eu pensava que era assim como o Sobrenatural de Almeida, o Gravatinha, a Grã-fina das narinas de cadáver. E que coisa linda você ser filha do Salim Simão.
JOICE	— Um pai maravilhoso! *(luz sobre Leleco. Em seguida, aparece Oswaldinho)*
OSWALDINHO	— Vem cá, Leleco!
LELECO	— Os americanos.
OSWALDINHO	— Não aporrinha com os americanos. *(muda de tom)* Vivo a dizer que ninguém canta mais ninguém. E estou há uma hora cantando essa menina. Começou a cantada. É uma conversa, lá dentro, de dois débeis mentais.
LELECO	— Oswaldinho, essa menina. Você.
OSWALDINHO	— Na presença dos outros, me chama de dr. Oswaldo, não avacalha a guerra.
LELECO	— Não tem problema. Mas olha...

OSWALDINHO — Essa garota é um dos meus desejos fulminantes. Mas tem um negócio. Ou é ingênua ou finge muito bem. Ingênua coisa nenhuma. Uma vigaristazinha.

LELECO — Oswaldinho, a Joice é amiga da minha garota, adventista. As duas foram colegas na PUC.

OSWALDINHO — Ainda por cima da PUC.

LELECO — A minha garota diz que a Joice é maravilhosa.

OSWALDINHO — Estou te estranhando. Ou você está querendo se regenerar?

LELECO — Estou só avisando.

OSWALDINHO — Já avisou e agora ouve: — estou besta comigo mesmo. Está acontecendo uma coisa que nunca, ouviu? Pela primeira vez, cantando uma mulher, tive taquicardia. O coração disparou, entende?

LELECO — Oswaldinho, estou até aqui de serviço.

OSWALDINHO — Não chateia! Rapaz, a boca dessa menina. Uns dentes, umas gengivas. E o hálito com um gosto de boca, de beijo. Eu, ali, cara a cara com a garota e houve um momento. Um momento em que quase, quase, dei um beijo e.

LELECO — Oswaldinho, como teu amigo quero te avisar que.

OSWALDINHO — Ou você também virou adventista?

LELECO — Com a Joice, só casando, só casando.

(Luz sobre Joice. Oswaldinho volta ao gabinete.)

OSWALDINHO — Conversamos e. Ah, outra coisa. O Salim Simão é o quê?

JOICE — Jornalista.

OSWALDINHO — De que jornal?

JOICE — Aposentado. Trabalhou no *Correio da Manhã*. Também é advogado.

OSWALDINHO — Bom, Joice, estou cada vez mais convencido de que você dá para o nosso serviço.

JOICE — Estou nervosa, outra vez. Posso saber qual o serviço?

OSWALDINHO — Você vai ser minha secretária.

JOICE — Minha Nossa Senhora!

OSWALDINHO — Está espantada?

JOICE — Assustada.

OSWALDINHO — Não quer ganhar mais? Subir no emprego?

JOICE — Quero, mas. Assim tão de repente! Tenho medo de não ser a pessoa que. Deus me livre de decepcioná-lo. O senhor sabe: — este é o meu primeiro emprego. Ih, dr. Oswaldo!

OSWALDINHO — Já resolvi.

JOICE — Posso dar a resposta amanhã?

OSWALDINHO — Amanhã, não. Tem que ser agora.

JOICE *(apesar de tudo, radiante)* — Se tem que ser agora, aceito.

OSWALDINHO — Não quer saber o seu ordenado?

JOICE — Não é o mesmo?

OSWALDINHO — O dobro.

JOICE — Meu Deus!

OSWALDINHO — Não exatamente o dobro. Um pouco mais. Mil e quinhentos cruzeiros.

JOICE — *(rindo e nervosíssima)* — Não sei como agradecer. Quando Leleco me chamou, nem me passou pela cabeça que. Não repare, mas.

OSWALDINHO — — Agora me diz uma coisa: — você mora em...

JOICE — — Quintino.

OSWALDINHO — — Longe!

JOICE — — Um pouco.

OSWALDINHO — — A condução deve ser uma tragédia.

JOICE — — Mas já estou acostumada. Nem ligo.

OSWALDINHO — — Podemos fazer o seguinte. Hoje, vou para aqueles lados. Posso levar você.

JOICE — — Não precisa se incomodar.

OSWALDINHO — — Incômodo nenhum. Sou eu que estou oferecendo. É meu caminho.

JOICE — — Desculpe, dr. Oswaldo, mas não posso aceitar.

OSWALDINHO — *(com surda irritação)* — Não entendo esse bicho de sete cabeças, por tão pouco. Se fosse casada.

JOICE	— Sou noiva.
OSWALDINHO	— É noiva e não dizia nada?
JOICE	— Pensei que não interessasse.
OSWALDINHO	— Tudo interessa. Naturalmente, seu noivo — é ciumento?
JOICE	— Graças a Deus, nada ciumento.
OSWALDINHO	— Nesse caso, posso levá-la. Não há problema.
JOICE	— Há um problema, dr. Oswaldo: — eu. Se meu noivo não se incomoda, eu acho que não devo fazer certas coisas. Não quero que o senhor fique sentido comigo. Mas acho que não devo ir para a casa com o senhor, no seu automóvel. Não sei, mas acho.
OSWALDINHO	*(formalizado)* — Muito bem.
JOICE	— O senhor não ficou zangado comigo?
OSWALDINHO	— Nem teria esse direito. Você anda com quem quiser.
JOICE	— Dr. Oswaldo, ou volto com o meu noivo ou sozinha. Desculpe.
OSWALDINHO	*(cortante)* — De nada.

JOICE — Posso ir?

OSWALDINHO — Já sabe. A partir de amanhã, você trabalha aqui. Vou providenciar a sua mesa. Pode ir.

JOICE — Com licença. *(Joice dá dois passos)*

OSWALDINHO — Uma última pergunta: — Você acredita em Deus?

JOICE — Sou testemunha de Jeová. *(luz passa para a casa de Salim Simão. Pai e filha. Salim exaltado, anda de um lado para outro. Estaca diante da filha)*

SALIM — Esse aumento de ordenado tem que ser explicado direitinho!

JOICE — Eu falo, o senhor interrompe!

SALIM — Pois, então, fala.

JOICE — Sabe que ele conhece o senhor?

SALIM — Me conhece, está bom. Mas conta tudo o que houve.

JOICE — Tão atencioso, papai! Conversamos uma hora ou mais.

SALIM — Uma hora ou mais. Continua.

JOICE — Disse que ia me dar um cargo de confiança.

SALIM — Ah, não! Essa, não! Como de confiança, se ele nem te conhece?

JOICE — Conhece.

SALIM — Desde quando?

JOICE — Papai, quando o dr. Oswaldo tomou posse, foi cumprimentar os funcionários, um por um. E apertou a minha mão, perguntou se eu estava satisfeita.

SALIM *(aos berros)* — Aperta a tua mão e te dobra o ordenado, só porque apertou a tua mão?

JOICE — Calma, papai. Não seja assim. Dr. Murad não quer que o senhor se exalte!

SALIM — Pois eu me exalto! Estou com as mãos geladas! E você ainda não viu nada!

JOICE — Então, não fale mais.

SALIM *(arquejante)* — Fala! Ai meu Deus, fala!

(Entra Hele Nice.)

JOICE — Vem ouvir também, Hele Nice. Vou ganhar mais do dobro do ordenado.

HELE NICE — Benza-te Deus!

SALIM — Benza-te Deus coisa nenhuma!

JOICE — Oh, papai!

SALIM — Hele Nice! Você acendeu uma vela no banheiro. Tua vela não adiantou nada.

JOICE — Adiantou, sim, Hele Nice. Papai, quer me ouvir? O senhor é contra o meu aumento de ordenado?

SALIM — Sou! Contra certos aumentos de ordenado, sou! Responde: — tudo isso a troco de quê?

JOICE — Precisa de uma secretária.

SALIM *(anda de um lado para outro)* — O que é que se esconde ou nem se esconde por trás desse aumento? Me diz só uma coisa: — esse cara é moço ou velho?

JOICE — Moço ou velho? Bem. Tem 28 ou trinta.

SALIM — Hele Nice, 28 ou trinta!

JOICE	— Mas é educadíssimo, fino, papai!
SALIM	— Joice, minha filha! Quando se trata de mulher, qualquer homem é um canalha!
JOICE	— Nem todos.
HELE NICE	— O doutorzinho pode ser bão.
SALIM	— Bem. Eu estou exagerando. Pergunto: — que ideia faz você de mim?
JOICE	— Você é formidável.
SALIM	— Formidável, ótimo. Minha filha, vou te contar coisas que você não sabia, mas que precisa saber. E você também, Hele Nice. Quando eu tive o enfarte, na casa do Luiz Alberto Bahia.[4]
JOICE	— Papai, já sei de tudo isso.
SALIM	— De tudo, não. Vai saber agora. Tive aquela dor e apaguei. A Mariazinha Bahia teve que inventar um médico. Quando acordei, estava na Casa de Saúde. Digo: — "Vou morrer." Mas não

---

[4] Luiz Alberto Bahia: jornalista e político carioca, nascido em 1923. Foi redator-chefe do *Correio da Manhã*.

queria morrer sem me confessar. Uma das minhas visitas era o Gildo Lopes. Vai vendo o dedo de Deus. O Gildo Lopes tinha sido padre. Um dia, ele, jesuíta, viu uma menina na primeira fila e se apaixonou pela menina. Deixou de ser padre e casou-se. E quando vi o Gildo Lopes, na Casa de Saúde, agarrei o Gildo Lopes e disse: — "Me confessa, meu irmãozinho!"

JOICE — Papai, escuta aqui. O que é que o senhor quer provar?

SALIM *(arquejante)* — Não me interrompe. Estou contando isso pra teu bem. O Gildo Lopes tomou a minha confissão. E sabe o que eu confessei, eu, Salim Simão? Confessei os meus 18 abortos. Dezoito! Nos meus vinte, vinte e poucos anos, até trinta, não havia pílulas. As garotas que eu pegava ficavam grávidas e eu mandava tirar. Eu só sabia dizer: — "Tira, tira." E uma das crianças que não nasceram podia ter sido você, minha filha. E as minhas pequenas iam abortando. E, por isso, quis que o Gildo Lopes me absolvesse dos 18 abortos. *(Salim está chorando. Joice vem beijá-lo)*

JOICE — Ainda acho o senhor formidável, papai. Mais formidável do que nunca.

HELE NICE — Santo está aí.

JOICE — Agora, põe o Isordil[5] sublingual. *(Salim procura nos bolsos)*

SALIM — Onde está o diabo do Isordil? Achei. *(Salim põe o comprimido na boca)*

JOICE — Agora não fala mais. Descansa.

SALIM *(pula)* — Como não falo mais? Preciso me desabafar! *(muda de tom)* Onde é que eu estava mesmo? *(desatinado)* Olha a esclerose, olha a esclerose. *(triunfante)* Já me lembro. Eu ia falar do maldito aumento

---

[5] Isordil: remédio usado para aliviar e prevenir angina, dor sufocante e intensa no peito, provocada por entupimento das artérias e veias do coração.

de ordenado. No meu tempo, o homem cantava mulher. Eu cantei as 18 garotas dos abortos. Houve um romancezinho. Deus há de ter reconhecido: — "Ao menos essa besta faz romance." Hoje, não há mais o romancezinho. Ninguém quer perder tempo. Os homens dobram o ordenado.

JOICE — Você está falando de mim? Pra mim?

SALIM — Joice, o dinheiro corrompe. Qualquer um. E esse sujeito quer te corromper.

JOICE — Papai, você me conhece? Tem certeza que me conhece? Olha pra mim, papai. Não vira o rosto. Olha.

SALIM *(olhando-a, finalmente)* — Estou olhando.

JOICE — Você acredita ou não acredita em mim? *(Salim está fazendo, automaticamente, o sinal da cruz)* O senhor acha. Chamei você de *senhor*. Você acha que o dinheiro vai me corromper?

SALIM   *(quase sem voz)* — Não, não. *(e, súbito, rompe num desespero maior)* Tua mãe, quando você fez 15 anos, veio me dizer: — "*O perigo é o beijo na boca. Nenhuma mulher resiste ao beijo na boca.*" Tua mãe tinha medo que um beijo na boca te perdesse.

JOICE   — Essa conversa está fazendo um mal, papai.

SALIM   *(chorando e parando de chorar)* — Perdoa, meu amorzinho. *(novamente enfurecido)* Vou acabar, mas quero te lembrar: — os formidáveis como eu fazem o que fiz. Quero que você não se esqueça: — *O sexo é uma selva de epilépticos*. Mas não é isso que eu queria dizer. O que eu queria dizer é que "*o sexo nunca fez um santo. O sexo só faz canalhas*".

(Salim baixa a cabeça e faz o sinal da cruz. A luz passa para o quarto de Gastão e Tereza. Tereza está deitada. Entra Gastão e olha, um momento, a mulher adormecida.)

GASTÃO — A pior forma de solidão é a companhia da minha mulher. A pior forma de solidão é a companhia do meu filho.

TEREZA *(na embriaguez do sono)* — Gastão?

GASTÃO — Eu.

(Tereza vira-se para o outro lado.)

GASTÃO — Fui ao dr. Stans Murad. Fez novo eletro. Está ouvindo? Tereza?

TEREZA *(resmunga)*

GASTÃO — O novo eletro tem as mesmas alteraçõezinhas do anterior.

(Gastão já tirou o paletó. Arranca a gravata, a camisa. Está nu da cintura para cima.)

GASTÃO — E continua a dor no peito, com irradiação para o braço esquerdo. Tereza, acorda, Tereza!

TEREZA *(perdida de sono)* — Que horas são?

GASTÃO — Três da manhã. O dr. Stans Murad quer que eu faça

coronariografia. Eu é que não quero. Se eu tenho que morrer, prefiro morrer sem saber que morro. Quero morrer de repente, tão de repente, no meio de uma frase, de um gesto. Você vai me chorar, Tereza, hem, Tereza? *(sacode a mulher)* Tereza!

TEREZA — Fecha essa luz!

GASTÃO — Não fecho nada. Tereza, escuta. Uma vez, eu vi um filme italiano. Era uma história de bandido. História feroz, sem nenhuma vergonha do dramalhão. E lá havia o velório genial, o velório que cada um deseja para si.
O bandido estava na mesa do necrotério, e cravejado de balas. E, de repente, chega a mãe do defunto. Minha mulher, está ouvindo? Qualquer grande dor tem gritos que ninguém ouviu, jamais. Mas nenhuma mãe, em nenhum idioma, berra, uiva, como a mãe daquele morto. Era a mais siciliana das sicilianas. Ao ver o cadáver, esganiçou todos os

gritos do seu espanto. Ah, Tereza, Tereza. Na minha poltrona, eu tive uma sensação de deslumbramento. E aquela mãe devoradora começou beijando o dedo grande do pé. Não beijou apenas, o que seria pouco para sua fome. Ela sorvia os dedos, um por um, como aspargos. Ah, meu Deus, aquela boca continuou beijando — a sola do pé, o calcanhar, as canelas. Nada restou que não fosse beijado. E eu sei que também vou morrer, não varado de balas. Deus quer que eu tenha enfarte, que é a morte da moda. Essa dor manhosa no braço esquerdo não me engana. Eu sei que é minha morte que está doendo mansamente. Eu penso no bandido. *(Gastão está no meio do palco)* Mas sei que não vou ser chorado assim, beijado assim, amado assim. *(pausa. A mulher continua dormindo profundamente. Vem Gastão, deita-se ao lado da mulher)*

GASTÃO — Se não ouviste a minha morte, ouve o meu sonho. Um sonho de uma semelhança espantosa com a realidade. Sonhei que meu filho vinha me dizer: — "Sou eu que escrevo as cartas anônimas, eu!" E começou a chorar como um menino. Depois, caiu aos meus pés e beijou os meus sapatos. Tereza, se meu filho fizesse isso, eu estaria salvo, não morreria mais. E se morresse, seria beijado como o maravilhoso defunto siciliano.

TEREZA — Apaga essa luz. Apaga essa luz.

(Luz passa para o gabinete de Oswaldinho. Ele, sozinho, bebe uísque. Está semibêbado. Entra Leleco.)

OSWALDINHO — Ah, é você?

LELECO — Qual é a última?

OSWALDINHO — Pensei que fosse a minha secretária suburbana.

LELECO — Começou cedo. Bebendo às oito da manhã.

OSWALDINHO — Arranja um copo e bebe comigo.

LELECO — Deixei de beber.

OSWALDINHO — Que máscara é essa?

LELECO — Por que máscara?

OSWALDINHO — Já sei. Deixou de beber por causa da tal adventista. Não foi a adventista?

LELECO — Talvez.

OSWALDINHO *(com o riso encharcado)* — Então, você mudou. *(violento)* Mas pra cima de mim, não, Leleco. *(muda de tom)* Você contou tudo à adventista?

LELECO *(com sombria paixão)* — Tudo.

OSWALDINHO *(com exultante sarcasmo)* — Nem tudo, Leleco. Pensa bem: — nem tudo.

LELECO *(acuado)* — Tudo.

OSWALDINHO *(persuasivo)* — Mas não falaste do fotógrafo francês?

LELECO — Fotógrafo francês? Não me lembro.

OSWALDINHO — Você se lembra, Leleco. *(rápido e incisivo)* Disse a mim que ia fazer uma experiência homossexual com o fotógrafo francês. E você seria a mulher.

LELECO — Como você é sórdido!

OSWALDINHO — Matei tua fome e tu me chamas de sórdido? Você se lembra do orgulho que eu e você tínhamos da nossa sordidez? E como é mesmo aquela xaropada que você contava pra todo mundo?

LELECO — Também não me lembro.

OSWALDINHO — Mentiroso. Essa você não esquece, nem a tiro. Aliás, é de tiro mesmo que se trata. Conta, Leleco.

LELECO — Não quero contar.

OSWALDINHO — Ou conta você ou conto eu.

LELECO *(no seu ódio contido)* — Era a história da...

OSWALDINHO — Perdeu a coragem?

LELECO *(impulsivamente)* — Eu vi meu pai assassinar minha mãe. Deu três tiros no peito de minha mãe. Eu tinha oito anos e vi tudo. Minha mãe estava de calcinha e *soutien.*

OSWALDINHO *(com triunfante crueldade)* — Mas tem o resto. Ou minto?

LELECO *(arquejante)* — Chega.

OSWALDINHO — Não chega. Teu pai foi absolvido e a absolvição do teu pai foi a segunda morte de tua mãe. E, porque tua mãe foi assassinada e teu pai absolvido, você odiava todo mundo.

LELECO — Inclusive eu.

OSWALDINHO — Mas vou te provar que tua adventista não adiantou de nada. Você continua o mesmo, Leleco. Se não fosses o mesmo, tu me metias a mão na cara. Mas você preferiu contar a história de tua mãe. Mas ainda é tempo de me meter a mão na cara. *(com outro tom)* Vamos mudar de assunto. Ontem, eu é que tive vontade de encher de bofetadas a cara da minha secretária suburbana. Mas reconheço que todas as grã-finas que eu conheço não chegam aos seus pés. Já reparou que o rabo da grã-fina não tem perfil? Um rabo chato, sem perfil. A Joice, pelo contrário. *(entra Joice. Traz uma braçada de rosas e um livro grosso)*

JOICE	— Com licença. Bom dia.
OSWALDINHO	— Vai, Leleco. *(para Joice)* Até que enfim.
JOICE	— Desculpe, mas a condução é que.
OSWALDINHO	*(sardônico)* — Rosas?
JOICE	— Vou arranjar um jarro, dr. Oswaldo.
OSWALDINHO	— Bem se vê que você mora em Quintino.
JOICE	— Não gostou das rosas?
OSWALDINHO	— Não se trata de gostar ou não gostar. Apenas, acho você mais importante. Quero conversar com você sobre você.
JOICE	— Eu vou um instantinho apanhar o jarro.
OSWALDINHO	— Você está com a ideia fixa das rosas. Com licença. Me dá essas rosas. *(Oswaldinho tira as rosas da menina e as põe em cima de um móvel)* Vou logo avisando: não estou bêbado.
JOICE	*(doce)* — Eu sei, dr. Oswaldo.
OSWALDINHO	— Sabe, sabe. Mas sabe porque você é minha secretária e

	porque eu te dobrei o ordenado. Portanto, não estou bêbado.
JOICE	— Dr. Oswaldo, eu disse que.
OSWALDINHO	— *Eu disse que* e para! Menina! Diz coisa com coisa!
JOICE	— Desculpe.
OSWALDINHO	— Desculpe por quê? Eu é que bebi e é você que parece bêbada? E o que é isso? Esse livro grosso? *(Oswaldinho toma o livro. Começa a rir)* A Bíblia! Tinha que ser a Bíblia! Não é, minha "testemunha de Jeová"? E se eu rasgasse, hem?
JOICE	— Eu sei que o senhor não fará isso!
OSWALDINHO	— Você me desafia?
JOICE	— Quer me devolver a Bíblia?
OSWALDINHO	— Calma. Dizem que aqui tem uns troços bonitos. Deixa eu ver. Aqui. O que é que diz? — *Versículo 24 — Todo o pão é doce para o homem fornicário, que não cansará de pecar até o fim. Este tal será punido nas ruas públicas e posto em fugida como um potro*

de égua; e onde ele menos o espere, será apanhado. Até que o negócio tem bossa. E outra coisa: — esse homem fornicário está me dando uma ideia. Boa ideia. Vou trancar a porta. Não podemos ser interrompidos. *(Oswaldinho caminha até a porta e fecha. Volta para Joice)* Agora estamos sozinhos. *(lento e cruel)* Tem medo de mim?

(Silêncio.)

OSWALDINHO — Perdeu a fala. Responde. Assim. Cara a cara comigo. Tens medo de mim?

JOICE — Não tenho nenhum medo do senhor.

OSWALDINHO — Essa falsa coragem não me convence. Mas vá lá. Não tem medo. Você ontem me disse que eu era bom. Ainda me achas bom?

JOICE — Acho. O senhor é bom.

OSWALDINHO — Mas bom como? Porque te dobrei o ordenado e posso te dar outros aumentos?

JOICE — O senhor é bom e infeliz.

OSWALDINHO *(com escárnio)* — Também sou infeliz. Mas isso é puro palpite ou você sabe alguma coisa?

JOICE *(doce e triste)* — Um homem que precisa beber às oito horas da manhã é infeliz, muito infeliz.

OSWALDINHO *(num repelão)* — A droga dessa Bíblia está me atrapalhando. *(Oswaldinho atira a Bíblia no chão)* Agora não existe mais uma Bíblia entre nós. *(Joice apanha a Bíblia)* — Vamos conversar melhor. Outra coisa. É ridículo nós estarmos sozinhos, e você a me chamar de *senhor*, de *doutor*. Pode me chamar de você.

JOICE — Prefiro chamá-lo de senhor.

OSWALDINHO — Era uma colher de chá que eu estava te dando. Se você não gosta de ser bem-tratada, bola pra frente. Me diz uma coisa, só uma coisa: — Você já teve alguma experiência sexual? *(silêncio)* Estou esperando a sua resposta.

JOICE — Dr. Oswaldo, eu não preciso responder, nem quero responder.

OSWALDINHO — Pelo menos diga, diga na minha cara que tem horror de mim.

JOICE — Horror nenhum, nenhum. Tenho pena, tanta pena, estou morrendo de pena do senhor.

(Oswaldinho vai beber mais um pouco de uísque. Volta incendiado. Fala com o dedo na cara da menina.)

OSWALDINHO *(com a língua presa)* — Você tem pena? Quem é você pra ter pena de mim? Você finge tudo! Toma ares, mas pra cima de mim, não. Sua suburbana! Quer ver como eu te ponho no olho da rua, agora mesmo? Sai daqui com tuas rosas e tua Bíblia.

(Sem palavras, Joice apanha as rosas e a Bíblia.)

OSWALDINHO — Você é tão cínica que é capaz de sair dizendo "Deus o abençoe". *(Joice para. Antes de sair, vira-se para o rapaz)*

JOICE — Deus o abençoe.

(Cai o pano sobre o final do segundo ato.)

FIM DO SEGUNDO ATO

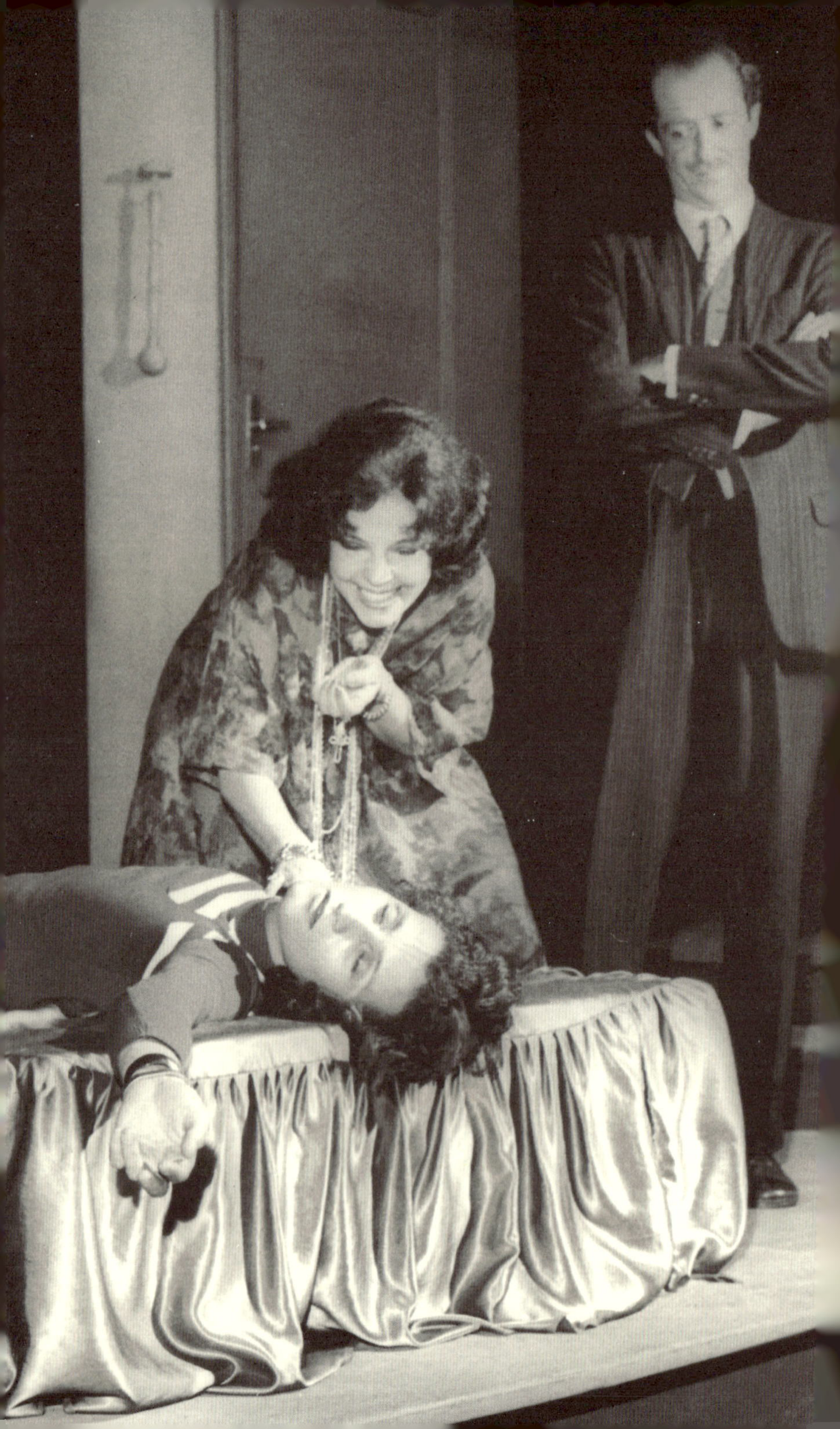

TERCEIRO ATO

(Quarto de Oswaldo. Ele está de bruços, na cama, nu da cintura para cima. Entra Tereza.)

TEREZA	*(surpresa, comovida)* — Que milagre, você a essa hora!
OSWALDINHO	— De ressaca, minha mãe.
TEREZA	— Quer tomar alguma coisa?
OSWALDINHO	— Já tomei o diabo.
TEREZA	— Então deita, meu filho.
OSWALDINHO	— Sabe por que é que eu vim tão cedo?
TEREZA	— Diz.
OSWALDINHO	— Quero conversar com você sobre uma garota.

TEREZA — Está gostando de sua noivinha?

OSWALDINHO — Em primeiro lugar eu não sou noivo, minha mãe.

TEREZA — Quase noivo.

OSWALDINHO — Como a senhora está por fora. Nunca fui tão pouco noivo como agora, neste momento.

TEREZA — Então, vamos mudar de assunto. *(consoladora)* Você está triste?

OSWALDINHO — Esse papo de tristeza é frescura. Eu não fico triste, mamãe.

TEREZA — Quem é a garota?

OSWALDINHO — Você não conhece.

TEREZA — Bonita?

OSWALDINHO — Suburbana.

TEREZA — Você não dizia que mulher, só grã-fina?

OSWALDINHO — Dizia, e daí?

TEREZA — Mudou de opinião?

OSWALDINHO — Sei lá. Quer saber onde mora a garota? Já ouviu falar em Quintino?

TEREZA — Onde a tua babá morava?

OSWALDINHO — É. Essa garota.

TEREZA — É bonita?

OSWALDINHO — Bonita, não. É mais linda do que bonita. E eu só penso nela. *(Oswaldinho fala, e está vestindo a camisa)* Minha mãe, tenho medo de mim mesmo. Essa garota tem que ser minha. Nem que seja uma vez só.

TEREZA — Você sabe, não sabe, que pode contar tudo à sua mãe?

OSWALDINHO — Você fala como se eu fosse contar um crime. Mamãe, vi essa menina quatro vezes.

TEREZA — E tão de repente?

OSWALDINHO *(com certo sofrimento)* — Tão de repente! Isso mesmo. Tão de repente!

TEREZA — Mas se você quer, não há problema.

OSWALDINHO — E ela?

TEREZA — Não acredito, meu filho, que nenhuma mulher possa resistir a você. Alguma mulher já te resistiu?

OSWALDINHO — Não. Até agora, eu tive todas as mulheres que desejei. *(com novo tom e impulsivamente)* Mas essa não é como as outras.

TEREZA *(feroz)* — Como todas!

OSWALDINHO — Você não sabe, você não viu. Com as outras, fui cínico e gostaram do meu cinismo; fui sórdido e gostaram da minha sordidez. Fiz com mulher coisas que nem posso confessar. *(Oswaldinho, já de camisa e gravata, sobe na cama. Ferocidade exultante)* Eu digo pra elas: "Agora roda de quatro. Vai. Roda de quatro." E elas fazem voltas de quatro. *(com o dedo ele descreve as voltas)* Houve uma que rodou meia hora. Começou a chorar. Ficava aquela baba pendurada. *(com sofrimento)* Mas a garota de Quintino não é assim. Ou será?

TEREZA *(no seu fanatismo de mãe)* — Como eu gosto de te ouvir falar assim. Você sabe, não sabe? Que eu te aceito como tu és.

	Te amaria, mesmo que você fosse assassino, ladrão, bicha.
OSWALDINHO	— A única coisa que não serei nunca é bicha. Nudez masculina não suporto nem a minha.
TEREZA	— E o nome da menina?
OSWALDINHO	— Que importa o nome? O que importa é que, diante dela, eu não sei o que pensar, o que dizer. Por quê? É o que não entendo.

(Luz para uma das ruas da cidade. Vem Joice, com as rosas e a Bíblia. Em sentido contrário caminha Oswaldinho.)

OSWALDINHO	— Você?
JOICE	— Dr. Oswaldo!
OSWALDINHO	— Vinha pensando em você. E aposto que você vinha pensando em mim. Não vinha pensando em mim?
JOICE	— Ora, dr. Oswaldo.
OSWALDINHO	— Posso lhe fazer uma pergunta?
JOICE	— Estou com um pouquinho de pressa.
OSWALDINHO	— Um minutinho só.
JOICE	— Qual é a pergunta?

OSWALDINHO — Você chorou?

JOICE — Estou tão sentida, tão magoada.

OSWALDINHO *(impulsivamente)* — E com toda razão.

JOICE — Eu não queria ter razão, preferia não ter razão.

OSWALDINHO — Chorando outra vez.

JOICE — O senhor quer fazer o favor de segurar aqui, um instantinho?

OSWALDINHO — Me dá. *(Joice passa para Oswaldo a Bíblia e as rosas. A menina tira um lencinho e assoa-se ligeiramente)* Quer que eu segure?

JOICE — Já vou-me embora.

OSWALDINHO — Não sem conversar comigo. *(já passou as rosas e a Bíblia para Joice)*

JOICE — Dr. Oswaldo, o senhor já disse tudo que tinha pra dizer.

OSWALDINHO — Não disse nada. Agora é que vou dizer tudo. Vamos sentar.

JOICE — A gente conversa aqui mesmo.

OSWALDINHO — Olha ali, naquela leiteria. Um minuto. Eu preciso dar uma explicação.

JOICE — O senhor não me tratou assim quando me despediu.

(Luz passa para o interior da leiteria. Oswaldinho e Joice sentam-se.)

OSWALDINHO — Não é melhor aqui?

JOICE — Eu não acho.

OSWALDINHO — É melhor, sim. Olha aqui.

JOICE — Não vou me demorar.

OSWALDINHO — Já vi que você é rancorosa.

JOICE — Nunca ninguém me tratou assim.

OSWALDINHO — Você toma o quê?

JOICE — Um copo de leite.

OSWALDINHO — Não vou tomar nada. *(entra o contrarregra, vestido mesmo de contrarregra. Traz um copo de leite)* Que coisa linda! Você é fiel às rosas e à Bíblia.

JOICE — O senhor não aceitou as rosas e queria rasgar a Bíblia.

OSWALDINHO — Quer me fazer um favor?

JOICE — Depende.

OSWALDINHO — Não vamos tocar mais nesse assunto. Eu não tive razão nenhuma, reconheço isso. Vamos pôr uma pedra?

JOICE — Vamos.

OSWALDINHO — Em primeiro lugar: você contou pra alguém que eu a tinha despedido?

JOICE — Dr. Oswaldo, eu saí do escritório; vim para o Passeio Público, me sentei num banco e fiquei lá quatro horas.

OSWALDINHO — Chorando?

JOICE — Se chorei, o problema é meu. Mas entende? Não vi ninguém. Estava fazendo hora para encontrar meu noivo. Ele ia saber antes de papai.

OSWALDINHO — Se ninguém sabe, melhor. Faz de contas que não houve nada. Amanhã você volta ao trabalho.

JOICE — Não dá certo, dr. Oswaldo.

OSWALDINHO — Está com raiva de mim?

JOICE — Não é raiva.

OSWALDINHO — É o quê?

JOICE — Dr. Oswaldo, sabe por que eu gosto do meu noivo? Porque nunca, em momento nenhum, meu noivo elevou a voz para me dizer "Deus o abençoe". Foi ironia?

OSWALDINHO — Joice, hoje, quando você saiu do escritório, voltou para me dizer "Deus o abençoe". Foi ironia?

JOICE — Ironia com o nome de Deus?

OSWALDINHO — Então, você volta amanhã?

JOICE — Tenho que ir.

OSWALDINHO *(violento)* — Tenho que confessar que estava bêbado?

JOICE — Não se humilhe. *(muda de tom)* Vou pensar.

OSWALDINHO — Quero a sua palavra. Mas diz uma coisa. A que horas você vai se encontrar com o seu noivo?

JOICE — Seis.

OSWALDINHO — São cinco. Falta uma hora.

JOICE *(nervosa)* — Mas não é isso, dr. Oswaldo. Não me sinto bem de

	estar aqui, com o senhor. Sou noiva.
OSWALDINHO	— Você diz *noiva* como se fosse para sempre. *(com sofrimento)* Quer dizer que. Você acredita então em amor eterno?
JOICE	— Acredito.
OSWALDINHO	— E se acabar?
JOICE	*(impulsivamente)* — Se acabar não era amor. *(muda de tom)* Dr. Oswaldo, o senhor quer saber de uma coisa? Desde garotinha que eu sou assim e quero assim. O senhor pode achar graça.
OSWALDINHO	*(incisivo)* — Graça nenhuma.
JOICE	— Mas eu sempre quis que o mesmo homem fosse meu namorado, meu noivo e meu marido. Até hoje só dancei com o meu noivo e não danço com mais ninguém.
OSWALDINHO	— Nem comigo?
JOICE	— Nem com o senhor. Desculpe, mas eu sou assim mesmo e. *(vivamente)* Nem devia estar aqui com o senhor. Podem ver e.

OSWALDINHO — Você tem medo do que os idiotas possam pensar?

JOICE — O senhor não entendeu. Não são os idiotas. Sou eu mesma. Só vim porque *(com mais élan[6])* tive tanta pena do senhor.

OSWALDINHO — Joice, eu gostaria de ser bom com você e com Salim Simão.

JOICE — Com papai?

OSWALDINHO — Com seu pai.

JOICE — Por quê?

OSWALDINHO — Faço questão de conhecer o Salim Simão.

JOICE *(ergue-se)* — Já vou, dr. Oswaldo, até logo.

OSWALDINHO — Quer dizer até amanhã?

JOICE — Depende.

OSWALDINHO — Quero a sua palavra.

JOICE — Não posso prometer nada. *(Oswaldo, que se levantara, volta a sentar-se com uma sensação de derrotado. Joice vai e vem)*

JOICE — Deus o abençoe.

---

[6] Élan: em francês, é o mesmo que elã, entusiasmo, exaltação.

(Luz passa para a casa de Salim Simão. Este em cena. Hele Nice entra, esbaforida.)

HELE NICE — Dr. Salim, o patrão da Joice está aí!

SALIM — Onde?

HELE NICE — No portão.

SALIM *(em pânico)* — Manda entrar. Apanha esse jornal no chão. *(Hele Nice apanha o jornal)* Me dá aqui. *(toma o jornal. Sai Hele Nice. Ouve-se a sua voz)*

HELE NICE — Por aqui.

(Oswaldinho entra.)

OSWALDINHO *(estendendo-lhe a mão)* — Muito prazer. Oswaldo Guimarães Menezes.

SALIM — Salim Simão. Tenha a bondade.

OSWALDINHO — Vi o endereço no fichário e passei aqui para combinar um serviço extraordinário com d. Joice.

SALIM — Mas sente-se.

OSWALDINHO — Dona Joice está?

SALIM — Pois é. Foi ao culto com o noivo.

OSWALDINHO — Não tem problema.

SALIM — Mas o senhor diz o que é e eu darei o recado.

OSWALDINHO — Aliás, mais dia menos dia, eu ia fazer-lhe esta visita. Eu pensava, é interessante, que o Salim Simão fosse mais um personagem do Nelson Rodrigues. E quando d. Joice me disse, eu quis duvidar. Não é possível.

SALIM — Muita gente me pergunta se eu existo mesmo.

OSWALDINHO — E, além disso, eu tenho um outro motivo para estar aqui. Precisava mesmo conversar com o senhor.

SALIM — Comigo?

OSWALDINHO — Exato. Eu teria uma proposta que. Não sei. Mas que talvez interessasse ao senhor.

SALIM — Podemos conversar. Vem cá, Hele Nice. *(para Oswaldinho)* Ainda por cima, chama-se

Hele Nice. O senhor aceita um cafezinho?

OSWALDINHO — Um cafezinho, eu aceito.

SALIM — Faz um fresquinho e forte. Mas antes vem cá, Hele Nice. Conta aqui pro doutor o que é que você mais deseja na vida.

HELE NICE — Eu queria que Joice fosse jurada de televisão.

OSWALDINHO — Opa!

SALIM — Esse mundo está perdido! Agora, o cafezinho. Rápido!

OSWALDINHO — O senhor, dr. Salim, é advogado e jornalista.

SALIM — Fui as duas coisas e aposentei-me de ambas.

OSWALDINHO — Mas o senhor ainda é moço.

SALIM — Sou uma múmia, com todos os achaques das múmias. Tive um enfarte — daqueles. E quase não estava aqui batendo este papo.

OSWALDINHO — Eu gostaria de conhecer, por dentro, a vida de jornal. Deve ser interessante.

SALIM *(andando de um lado para outro e já rosnando)* —

Interessante! O senhor está me provocando. Olha que, segundo o Nelson Rodrigues, eu sou um extrovertido ululante. *(num furor maior)* Tive quarenta anos de *Correio da Manhã*. Cinco com o dr. Edmundo Bittencourt[7] e 35 com o dr. Paulo Bittencourt.[8] É dose, não é dose? Entrei para o jornal com 17 anos, e vi a mulher do dr. Paulo bater com o salto do sapato na cara do gerente.

(Hele Nice entra com as duas xicrinhas.)

SALIM — Está bom de açúcar?

OSWALDINHO — Obrigado.

SALIM *(tomando cafezinho)* — E os pesadelos que eu devo ao *Correio*. Tive um ontem

---

[7] Edmundo Bittencourt: fundador do jornal *Correio da Manhã*. Fundou o jornal no Rio em 1901, tornando-se um dos mais severos críticos do senador Pinheiro Machado (1851-1915), o político mais poderoso da época.

[8] Paulo Bittencourt: filho de Edmundo Bittencourt, assumiu a direção do *Correio da Manhã* após a morte do pai.

que bateu todos os recordes. Imagine o senhor que eu sonhei que me sentava na cadeira do dr. Paulo Bittencourt. E, de repente, os piolhos me atacaram. Começaram a me roer. Ao mesmo tempo, eu sentia coceiras hediondas. E eu não conseguia sair da cadeira do dr. Paulo. Acordei, gritando, com Joice ao meu lado: "Que foi, papai?!" E eu, apavorado: "A cadeira do Paulo." E o dr. Edmundo Bittencourt? Conhece o dr. Edmundo Bittencourt?

OSWALDINHO — Não conheço.

SALIM — É hoje nome de praça. *(andando de um lado para o outro, em furiosas passadas)* Mais importante do que o barão do Rio Branco. E fez o diabo neste país. Um dos maiores lances do dr. Edmundo Bittencourt foi o duelo com Pinheiro Machado. E, melhor ainda, o caso de João de Deus, um crioulão — voz de Paul Robinson[9] — sempre de fraque e chapéu-coco. Era pré-fundador do *Correio da Manhã*. Desde o primeiro número do jornal, o João de Deus ia para a porta, esperar o patrão. E dizia, abrindo o gesto: "Boa noite, dr. Edmundo." O Edmundo cuspia um "boa-noite" e pronto. Até que, um dia, o Edmundo chega, ventando fogo. Ao ouvir o "boa-noite" do revisor do jornal, espetou-lhe o dedo nas fuças: "Rua, negro! Não aceito cumprimento de urubu. Está despedido, urubu." Dois dias depois, o João de Deus morria de paixão.

(Salim vem à boca de cena.)

---

[9] "Voz de Paul Robinson": Nelson Rodrigues escreveu Robinson, mas ele estava na verdade se referindo a Paul Robeson — cantor, ator, atleta, orador e militante pelos direitos civis, negro, conhecido mundialmente por sua voz aveludada de baixo, nasceu em 1898 nos Estados Unidos e morreu em 1976.

SALIM	*(clamando)* — Praça Edmundo Bittencourt, não! Praça Urubu! Ah, meu jovem, minha paixão foi o jornal. O jornal e o tango.
OSWALDINHO	— O senhor diz tango argentino?
SALIM	— Eu sou da geração do tango. Gardel, Lepera, "Mano a mano".[10]
HELE NICE	— Dr. Salim dança muito bem.
SALIM	*(na sua modéstia nostálgica)* — Dançava. *(para Oswaldinho)* O senhor foi mexer nas minhas lembranças. Se eu não me controlo, contaria certas coisas que afinal.
OSWALDINHO	— Mas estou ouvindo o senhor com o maior interesse.
SALIM	*(na sua euforia retrospectiva)* — O senhor sabe como começou meu amor pela mãe de Joice? Num baile do Botafogo. A orquestra tocou um tango e eu a tirei para dançar. Todos os outros casais pararam. Entende? Para

---

[10] "Gardel, Lepera, 'Mano a mano'": referência a nomes famosos do tango. "Mano a mano" é nome do tango composto por Carlos Gardel e José Razzano (música) e Celedonio Flores (letra), lançado em 1923.

que a gente dançasse sozinha.
Quando acabou, palmas que só
vendo. E a mãe de Joice estava
apaixonada por mim. O tango
era "A media luz". Mas agora o
senhor desculpe, mas eu vou até
o fim. Ah, vou. O senhor vai ver
o que foi o tango na nossa vida.
Ela era uma mulher fechada, de
pouco falar, introvertida mesmo.
Sua única ilusão era o tango que
nós dançávamos, às vezes, aqui
em casa, e sozinhos. No tango, eu
sentia o amor que ela escondia de
mim. Um dia, caiu doente. Era o
câncer. Todo mundo escondeu.
No dia em que ela morreu. *(Salim
começa a chorar e para)*

(Luz para o quarto em que agoniza a mãe de Joice. Ela está na cama, um rosto que é uma caveirinha.)

SALIM *(em desespero)* — Meu amorzinho, você vai ficar boa.

ELA — Vou morrer, Salim.

SALIM — Sabe o que o médico me disse? Que você está muito melhor.

ELA	— Você jura?
SALIM	— Juro.
ELA	— Pela vida da Joice?
SALIM	— Por que Joice?
ELA	— Não jurou pela filha. Salim: ninguém me disse, mas eu sei que é câncer.
SALIM	*(chorando)* — Não, não, meu bem, não.
ELA	*(no esforço de falar)* — Agora eu queria. Queria que você dançasse o nosso tango. Pela última, última vez.
SALIM	— Oh, querida!

(Salim deixa a agonizante e dança "A media luz" como se fosse, realmente, Rodolfo Valentino nos Quatro cavaleiros do Apocalipse.[11])

---

[11] "Rodolfo Valentino nos Quatro cavaleiros do Apocalipse": referência ao famoso ator de cinema Rodolfo Valentino, nascido na Itália, em 1895. Tornou-se conhecido inclusive por suas interpretações como dançarino de tangos. *Os quatro cavaleiros do Apocalipse*, filme dirigido por Rex Ingram em 1921, adaptado do romance de Vicente Blasco Ibañez, foi seu primeiro sucesso como protagonista.

SALIM — *(ultrapatético no seu canto)* — *Corrientes, tres cuatro ocho, segundo piso, ascensor... (etc. etc.)* Entende, dr. Oswaldo?

OSWALDINHO — Claro, dr. Salim.

SALIM — Não sei se me excedi.

OSWALDINHO — Em absoluto, dr. Salim. Achei tão humano, tão...

SALIM — Ridículo.

OSWALDINHO — Pelo amor de Deus! E pelo contrário!

SALIM — Um momento! Não tenho medo do ridículo. Só os imbecis têm medo do ridículo. Já reparou que toda grande dor é ridícula?

OSWALDINHO — Não no seu caso. Em absoluto.

SALIM — Mas estou perdendo tempo comigo mesmo. O que interessa é minha filha. *(excitadíssimo)* O que é que o senhor achou da minha filha?

OSWALDINHO — Acho uma menina admirável. É uma moça como não existe mais.

SALIM — Não é?

(Salim anda de um lado para outro, desatinado.)

SALIM — Isso mesmo! Não existe mais! Não conheci, em toda a minha vida, uma menina igual à Joice. É uma personalidade. Outra coisa. Eu sei que o mundo está pior que Sodoma e Gomorra. E vou lhe dizer mais.

OSWALDINHO — Concordo, plenamente.

SALIM — Eu não tenho escrúpulo de lhe dizer que minha filha é virgem. Estou sendo mais uma vez ridículo. Paciência.

HELE NICE — Dr. Salim, olha o remédio.

SALIM *(arquejante)* — Onde é que está o Isordil sublingual? Ah, está aqui. As minhas mãos estão geladas.

(Salim coloca o Isordil debaixo da língua.)

SALIM — Mas onde é que eu estava mesmo? A esclerose está braba. Tenho lapsos. Me diga uma coisa.

	O senhor me deixou curioso. Qual é a proposta?
OSWALDINHO	— Proposta?
SALIM	— O senhor não falou numa proposta, que talvez me interessasse?
OSWALDINHO	— Ah, sim, como não? *(incisivo)* Eu acho que o senhor é o homem que a minha fábrica precisa. Eu estava procurando um jornalista — alguém que cuidasse da publicidade. E pensei no senhor.
SALIM	— Em mim?
OSWALDINHO	— O senhor é jornalista, tem experiência, amizades na imprensa. E nós pensamos em fazer promoções como a Bangu[12] fazia. Precisamos de um elemento como o senhor para colocar notas nas colunas sociais. O senhor ganharia inicialmente,

---

[12] Bangu: referência à Fábrica de Tecidos Bangu. Inaugurada em 1889, a fábrica foi responsável pelo crescimento deste bairro da Zona Oeste do Rio de Janeiro.

digamos: três mil por mês para dar uma assessoria.

(Luz passa para o gabinete de Oswaldinho. Em cena, apenas a Joice. Ela está colocando, no jarro, as rosas do dia. Entra Oswaldinho. Como Joice está de costas, não percebe a sua presença.)

OSWALDINHO — Que rosas lindas!

JOICE *(confusa)* — Gostou?

OSWALDINHO — Muito. Mas gostei de ver você aqui. Bom dia.

JOICE — Bom dia.

OSWALDINHO — Quer dizer que você fica?

JOICE — O que é que o senhor acha?

OSWALDINHO — Desconfio que você fica.

JOICE — Desconfiou certo.

OSWALDINHO — Estamos então de bem?

JOICE — Nunca estive de mal.

OSWALDINHO — Nem sentida?

JOICE — Mas sem raiva.

OSWALDINHO — Nem um pouquinho?

JOICE — De raiva, não. Tive pena de mim e do senhor. Mais do senhor do que de mim.

OSWALDINHO — Me diz uma coisa. O que é que você fez ontem?

JOICE *(com malícia)* — O senhor é curioso!

OSWALDINHO — Encontrou-se com o seu noivo?

JOICE — Não lhe disse?

OSWALDINHO — Bem. E aí?

JOICE — Dr. Oswaldo, isso não interessa ao senhor.

OSWALDINHO — É o que você pensa.

JOICE — Fomos ao culto.

OSWALDINHO — E depois?

JOICE — Não houve depois. Depois, meu noivo me levou em casa. De ônibus. Tem um poste na esquina da minha rua. Nós saltamos.

OSWALDINHO — Vocês foram de braços?

JOICE — Por que é que o senhor está me fazendo essa pergunta?

OSWALDINHO — Curiosidade. Foram de braços?

JOICE — De mãos dadas.

OSWALDINHO — Posso lhe dizer uma coisa?

JOICE — Não vou sofrer?

OSWALDINHO — É uma confissão.

JOICE — Vamos ver.

OSWALDINHO — Sabe que eu fiquei com ciúmes?

JOICE — Ah, dr. Oswaldo!

OSWALDINHO *(com sofrimento perceptível)* — Ciúmes das *mãos dadas*.

JOICE — Posso lhe fazer um pedido?

OSWALDINHO — Mas eu ainda não acabei. Ontem, quando fui à sua casa.

JOICE — O que o senhor foi fazer lá em casa?

OSWALDINHO — Seu pai não lhe contou? Mas olha. Depois conversaremos sobre isso. Quando fui para sua casa, ia pensando: — está com o noivo.

JOICE — Dr. Oswaldo, quer me fazer um favor? Vamos falar do serviço?

OSWALDINHO — Um momento.

JOICE — Aqui, dr. Oswaldo, o senhor é chefe e eu apenas a secretária.

OSWALDINHO — Negativo, negativo. Ninguém é apenas chefe, nem apenas secretária. Estou errado?

JOICE — Está errado.

OSWALDINHO — Escuta aqui. O chefe também é um homem e a secretária também é uma mulher. Você teve pena de mim, não teve pena de mim? Teve.

JOICE — Ora, dr. Oswaldo.

OSWALDINHO — Se a coisa fosse apenas profissional, você não teria pena de mim, nunca.

JOICE — O senhor finge que não entende.

(Luz passa para Leleco. Oswaldinho aparece.)

LELECO — Oswaldinho, preciso muito falar com você.

OSWALDINHO — Primeiro, escuta. Rapaz, me aconteceu uma, esta madrugada. Estou até agora besta. Fui dormir com a mulata do Assirius.[13] Conversamos. Não adiantou nada. Tomei três doses de uísque. E nada, rapaz. Eu só

---

[13] Assirius: restaurante do centro do Rio de Janeiro, próximo ao edifício do antigo Senado Federal, na Cinelândia, frequentado pela intelectualidade e por artistas famosos.

pensava na Joice. De manhã a mulata ainda me disse: "Você precisa se tratar." Começo a desconfiar que não vou ser homem para nenhuma outra mulher, só para Joice.

LELECO — Posso falar?

OSWALDINHO — Fala.

LELECO — Oswaldinho, quero a minha demissão.

OSWALDINHO — Você bebeu, rapaz?

LELECO — Olha. O que você quer com a Joice, eu não vou deixar.

OSWALDINHO — Você pensa que pode impedir?

LELECO — Faço um escândalo.

OSWALDINHO — Desde garotinho você só faz o que eu deixo ou o que eu mando. Você se esquece que me deve tudo — te dei dinheiro, comida, roupa. Você herdou até as minhas cuecas.

LELECO — Eu sou outro, Oswaldinho. Te dou um tiro.

OSWALDINHO — Vou te provar que sou muito mais do que tua adventista.

(Sem que o outro espere, Oswaldinho começa a esbofeteá-lo. Leleco recua circularmente, debaixo das bofetadas. Leleco começa a chorar.)

LELECO — Não me bata! Não me bata!

OSWALDINHO — Chora, Leleco, chora!

(Leleco está no chão. Sem querer, fica de quatro.)

OSWALDINHO — Anda, vai trabalhar.

(Luz no gabinete de Oswaldinho. Joice e Oswaldinho.)

OSWALDINHO — Agora, que estamos sozinhos, quero que você me chame de *você*.

JOICE — Importa muito que eu chame o *senhor* de você?

OSWALDINHO — Se importa, ou não importa, é comigo. Quero assim.

JOICE — Dr. Oswaldo, prefiro chamá-lo de senhor.

OSWALDINHO — Hoje, você fez uma coisa que eu não esperava.

JOICE — O que é que eu fiz?

OSWALDINHO — Voltou.

JOICE — Voltei, porque o senhor me pediu.
OSWALDINHO — Ou há outra razão?
JOICE — É possível.
OSWALDINHO — Posso saber qual?
JOICE — Saberá quando chegar a hora.
OSWALDINHO — Joice, estamos perdendo tempo. Eu posso fazer muito por você. E por seu pai.

(Luz para Salim e Joice.)

SALIM — Joice, você tem que deixar esse emprego. O dinheiro compra tudo.
JOICE — Mas não comprou você.
SALIM *(num rompante)* — Comprou. Põe isso na tua cabeça: por um momento, o dinheiro me comprou. Quando o dr. Oswaldo me ofereceu três mil, por mês, eu fiquei deslumbrado. Você entende? Depois é que eu pensei: "Ele está me comprando e comprando minha filha." Mas você não sabe como que

me doeu perder os três mil cruzeiros.

JOICE — Papai, o senhor não acredita em mim?

SALIM — Acredito, mas tenho medo.

JOICE — Você acha que alguém vai me comprar? E que eu vou me vender? É essa a ideia que você faz de mim?

(Salim cai aos pés de Joice.)

JOICE — Levanta, papai!

SALIM *(aos berros)* — Não é diante de ti que me ajoelhei, mas diante de todo o sofrimento. *(Salim ergue-se furioso)* Mas onde é que eu li isso, meu Deus! *(para Joice)* Sou indigno de me ajoelhar aos teus pés!

(Luz para Gastão e Tereza. Os dois estão no quarto.)

TEREZA *(numa maldição feroz)* — Oh, que inferno!

GASTÃO — É assim que você me recebe?

TEREZA *(andando de um lado para outro)* — Minha vida agora é contar o tempo — os minutos. Eu fico imaginando: "Daqui a pouco, ele chega. Está vindo pra cá. Está chegando." Ouço o teu automóvel. Sinto os teus passos na escada. Vai falar do meu filho. Ainda me pergunta se é assim que eu te recebo! Pois escuta, Gastão. Você tem amantes. Fica com tuas amantes. São mais bonitas do que eu, mais moças do que eu. E agora, fala do meu filho, fala, fala!

GASTÃO — Tereza, esta é a carta anônima que recebi hoje. Quando cheguei ao escritório, estava em cima da mesa. Li uma vez e reli não sei quantas vezes. Teu filho repete. Desta vez, arranjou um insulto novo. Ouve.

TEREZA *(histérica)* — Não quero ouvir, seu débil mental!

GASTÃO — Mas vai ouvir. Essa vai ouvir. Olha a última parte: "Se Oswaldinho não é teu filho, quem será o pai do teu filho, quem será o pai do teu filho, hem, seu pederasta gagá?"

TEREZA — Se meu filho te odeia, como mereces o ódio do meu filho!

GASTÃO — E o teu, Tereza? O teu ódio? Ou você não me odeia?

TEREZA — Não me faça dizer a verdade!

GASTÃO — Não diga nada, minha mulher. Tereza, eu estou apodrecendo. Mas não é isso que interessa. O que interessa é que, ontem, tive outro sonho com teu filho. Sonhei que eu entrava no quarto e via meu filho, de joelhos, com os meus dois sapatos, um em cada mão. E ele beijava um sapato e, depois, o outro sapato. E, de repente, eu acordei. *(com violência)* Não quero mais ser odiado, por meu filho e por você. E sabe o que vou fazer? Vou dar, em vida, a herança de Oswaldo e a tua.

TEREZA *(atônita)* — Isso quer dizer o quê?

GASTÃO — Quer dizer que dinheiro compra até amor verdadeiro.

Tereza, quero que, ao morrer, meu cadáver tenha de você e do meu filho uma coisa parecida com amor. Dou tudo em vida e só quero para viver um salário de contínuo. Serei contínuo, ouviu, Tereza? *(batendo no peito)* Com ordenado para não morrer de fome e basta! Contínuo, mil vezes contínuo! E você e Oswaldo terão pena de mim, porque dinheiro também compra misericórdia. Pago antes a misericórdia. Está paga a misericórdia. *(gritando)* Eu, o pederasta gagá, quero ser chorado pelo meu filho!

TEREZA — *(com voz estrangulada)* — Cala essa boca, bruxo danado! É por isso que meu filho diz: "O culpado é meu pai que não morre!"

(Luz passa para o gabinete de Oswaldinho. Presente Joice. Oswaldinho entra.)

OSWALDINHO — Joice, eu precisava conversar com você depois

	do expediente. Todo pessoal já saiu e acabei de mandar o último contínuo embora. Estamos sozinhos.
JOICE	— E o serviço extraordinário?
OSWALDINHO	— Acreditou num pretexto tão infantil?
JOICE	— Dr. Oswaldo, eu acreditei no senhor.
OSWALDINHO	— Para você ficar.
JOICE	— Dr. Oswaldo — antes que me esqueça —, não aceito um aumento de ordenado que ainda não mereço.
OSWALDINHO	*(maligno)* — É tão fácil recusar pouco dinheiro!
JOICE	— O que é que o senhor quer dizer com isso?
OSWALDINHO	— Quero dizer que assim como você não aceita o aumento, seu pai também não quer o emprego?
JOICE	— Exatamente.
OSWALDINHO	— Que bela família!
JOICE	— Faça ironia comigo e não com meu pai. Meu pai é um santo.

OSWALDINHO	— E você, segundo o Leleco, outra santa.
JOICE	— Dr. Oswaldo, estou aqui fora do expediente, por sua causa. Pode me dizer o que quer de mim?

(Bate o telefone.)

OSWALDINHO	*(furioso com a interrupção)* — Diz que eu não estou.
JOICE	*(ao telefone)* — Indústria "Beija-Flor de Confecções". Quem? Pois não. Para o senhor.
OSWALDINHO	— Não estou!
JOICE	*(tapando o fone)* — Sua mãe. *(Oswaldinho arranca o telefone)*
OSWALDINHO	*(grosseiríssimo)* — Alô? Alô? Mamãe, você só telefona na hora errada. Eu tinha dito à menina que não estava e muito menos pra você. E não vai chorar, não, senhora. Me deixa em paz, minha mãe, me deixa em paz. Até logo. Não quero conversa.

(Oswaldinho bate com o telefone.)

JOICE   *(atônita)* — O senhor trata assim sua mãe?

OSWALDINHO   *(furioso)* — E daí? *(ameaçador)* Você vai se meter na minha vida? Olha aqui. Você se esquece que está sozinha comigo, num andar inteiro, trancada comigo?

JOICE   — Não tenho medo nenhum!

OSWALDINHO   *(desatinado e gritando)* — Pois tenha, tenha medo! *(voz grave, rouca de ódio)* Você não me conhece, não sabe quem eu sou!

JOICE   — Eu o conheço.

OSWALDINHO   — Duvido.

JOICE   — O senhor não me engana.

OSWALDINHO   *(num desesperado sarcasmo)* — Você me conhece tanto que me acha bom!

JOICE   — É bom!

OSWALDINHO   *(baixo, mas violento)* — Sou, não sou? Então, vou te contar uma, que você não precisava saber. Essa você vai levar para casa. Há dez anos, dez anos, que eu escrevo a meu pai uma carta anônima. Começa assim: "Meu prezado chifrudo." Ontem, eu mudei e escrevi assim: "Meu ilustre chifrudo." Ilustre! E ainda ponho *(aos berros)* "saúde e fraternidade". Você entende, menina? Há dez anos, eu mato meu pai. Está morrendo, eu o vejo morrer. Porque ele não tem uma prova, mas sabe, sabe que sou eu. A única certeza que o meu pai tem na vida é que eu sou o autor das cartas anônimas. *(com nova exaltação)* Mas se eu faço isso, posso, não posso? Estamos num décimo andar, sozinhos. E eu posso te agarrar pelos cabelos, morder tua boca, violar você!

JOICE — *(estraçalhando as palavras com os dentes)* — Agora eu vou falar.

OSWALDINHO — *(arquejante)* — Fala, então!

JOICE — *(desesperada)* — Eu estou onde estou. Parada. Não fujo, nem grito. *(num berro)* Não grito! E vou lhe dizer que o senhor é muito mais infeliz do que eu pensava. O senhor não sabe o

	que vai acontecer. Um dia, não sei quando, o senhor vai beijar o chão que o seu pai pisar.
OSWALDINHO	— Está falando como a fanática de Quintino! Acabaste?
JOICE	— Ainda não acabei. Preciso lhe dizer, também, que tenho um noivo, amo meu noivo.
OSWALDINHO	— Quer dizer que você é inconquistável.
JOICE	— Conquistada pelo meu noivo.
OSWALDINHO	— Se você fosse outra, só sairia daqui violada. Mas não toquei num fio do teu cabelo. Porque *só acontecerá entre nós o que você quiser e se quiser*. O que eu quero de você é uma hora. Entendeu?
JOICE	— Não entendi.
OSWALDINHO	— Entendeu tudo, mas vou explicar assim mesmo. Quero uma hora que não vai influir nada no teu noivado, no teu casamento. Ninguém saberá nada. Nem teu noivo, nem teu pai. Entendeu agora?
JOICE	— Continue.

OSWALDINHO — Você iria amanhã a um apartamento. Eu estaria à sua espera. Você passaria, lá, uma hora, só. E te dou, por uma hora, cinco mil cruzeiros. Um cheque.

JOICE — O que é que o senhor está dizendo?

OSWALDINHO — Cinco mil cruzeiros, por uma hora.

JOICE — O senhor me pagaria como se eu fosse uma prostituta? Eu iria por dinheiro?

OSWALDINHO *(no seu desespero)* — Dez mil cruzeiros! Te dou o cheque, lá.

JOICE — Dr. Oswaldo, desde menina que eu espero por um amor. Quero que o senhor compreenda. Um amor que continuasse para além da vida e para além da morte.

OSWALDINHO — Quinze mil cruzeiros por uma hora. E eu sairia de sua vida.

JOICE — O senhor disse que é fácil recusar pouco dinheiro. Acho pouco, dr. Oswaldo. Eu recuso.

OSWALDINHO — Cinquenta mil cruzeiros. Por uma hora, Joice, cinquenta mil cruzeiros. Joice, você entra e sai sozinha. Edifício residencial. Leva o cheque na hora.

JOICE — O senhor me chamou de fanática de Quintino. Uma fanática não se vende.

OSWALDINHO — Cem mil cruzeiros. Cem mil cruzeiros.

JOICE — E em casa? Como vou explicar a meu pai e ao meu noivo os cem mil cruzeiros?

OSWALDINHO — Você diz que. Por exemplo, você diz que eu fiz um bolão da Loteria Esportiva. Você entrou e nós ganhamos. Esperamos um rateio bom e justificamos o dinheiro.

JOICE — Dr. Oswaldo, eu já queria sair.

OSWALDINHO *(febril)* — Minha mãe me deu joias caríssimas. Um só colar vale uma fábula. Joice, trezentos mil cruzeiros.

(Joice está de costas para ele.)

OSWALDINHO — *(falando quase ao seu ouvido)* — Trezentos mil cruzeiros. Você vai? O endereço está aí, andar, número do apartamento. Quatro horas. Não precisa responder. Eu te espero lá, com o cheque. Trezentos mil cruzeiros. Até amanhã?

JOICE — Adeus.

(Luz para a casa de Salim. Em cena, ele e Hele Nice. Salim dança o tango de sua vida, "A media luz". Entremeia o canto com falas.)

SALIM — *Corrientes, tres cuatro ocho.*

HELE NICE — O senhor dança como um artista!

SALIM — *(em pleno movimento)* — Dancei — dançava. Agora não dou mais no couro.

HELE NICE — O senhor é como eu. Também sou muito modesta.

SALIM — *Y todo a media luz.* *(sempre dançando)* O que há com a minha filha? Como estava linda! *Crepúsculo interior.* Tão bonita que eu tive medo *la media luz de*

	amor. Hoje, me acordou com um beijo. Me tratou com um carinho, com um amor.
HELE NICE	— Joice tem loucura pelo senhor.
SALIM	*(sempre dançando)* — Na hora de sair, disse *adeus*, e não *até logo*, como se não voltasse nunca mais. Não gosto que minha filha diga *adeus*. *(numa súbita exaltação, com toda voz)* Corrientes, tres cuatro ocho, segundo piso, ascensor... *(etc. etc.)*

(Luz passa para o apartamento onde Oswaldinho espera Joice. Na sua angústia, anda de um lado para outro, estaca, olha o relógio.)

OSWALDINHO	*(em desespero)* — Não vem mais! *(nesse momento, a campainha toca. Oswaldinho se arremessa. Abre a porta. Entra Joice)* — Você veio! Se soubesse a minha felicidade! *(quer puxá-la para si. Ela se desprende com violência)*
JOICE	*(crispada)* — Não me toque.
OSWALDINHO	*(atônito)* — Você fala como se tivesse horror de mim!

JOICE — O cheque.

OSWALDINHO — Até aqui você não tem um gesto de...

JOICE — O cheque.

OSWALDINHO *(desesperado tira o talão de cheques, enche)* — Qual é o seu nome todo?

JOICE — Joice Menezes Simão.

(Oswaldinho completa o cheque e passa à menina.)

JOICE *(lendo em voz alta)* — Trezentos mil cruzeiros. Joice Menezes Simão. Tanto de fevereiro de 1973. Oswaldo de tal. *(numa raiva minuciosa, ela rasga o cheque em mil pedacinhos)*

OSWALDINHO — Que é isso? Não faça isso!

(Joice o emudece, atirando-lhe no rosto o papel picado como confete. Petrificado, ele a teria deixado ir sem um gesto, sem uma palavra. Ela, porém, na sua raiva de mulher, esbofeteia-o ainda. Depois apanha o seu rosto entre as mãos.)

JOICE *(soluçando)* — Seu idiota, não quero teu dinheiro, quero teu amor.

(Joice beija Oswaldinho na boca, em delírio.)

OSWALDINHO — Minha, minha, para sempre.

(Beijo na boca como nos filmes antigos.)

(Baixa o pano sobre o final do terceiro e último ato.)

FIM DO TERCEIRO E ÚLTIMO ATO

POSFÁCIO

ANTI-NELSON RODRIGUES: SOB O SIGNO DA VIOLÊNCIA

*Theotonio de Paiva**

Há no texto uma pungência, uma amargura, uma crueldade e ao mesmo tempo uma compaixão quase insuportáveis.
Nelson Rodrigues, em entrevista a Sábato Magaldi,
Jornal da Tarde, São Paulo, março de 1974.

Um imenso painel na fachada anunciava a estreia da peça *Anti-Nelson Rodrigues*, no antigo Teatro Nacional de Comédias.** Na época, início da década de 1970, aquela região do

---

* Theotonio de Paiva, dramaturgo e diretor, é professor adjunto do Curso de Teatro da Faculdade Cesgranrio. Escreveu ensaio sobre *O teatro de Nelson Rodrigues: uma realidade em agonia*, publicado em livro, *Ronaldo Lima Lins: criação e pensamento*, que organizou em colaboração com Carmem Negreiros (Editora da UFRJ).

** Mais tarde, essa casa de espetáculos, pertencente à área da cultura do governo federal, passaria a se chamar Teatro Glauce Rocha, em homenagem à grande atriz, morta prematuramente.

centro do Rio de Janeiro fora rasgada pelas gigantescas obras do metrô carioca. Era possível ver, durante o dia, as entranhas das ruas e avenidas. À noite, grandes máquinas e tubulações inertes compunham um cenário desolador. Mais uma vez, a destruição de imensos prédios e vias públicas deixava transparecer um aspecto ainda mais violento e opressor daquele caos urbano que, de algum modo, contaminava formas de sentir e pensar e vocalizava uma satisfação mundana de ingresso numa sociedade civilizada.

É esse cenário degradado por uma anarquia absoluta que atravessamos, não sem certo espanto, em direção a um dos ensaios finais da primeira montagem da peça. Por um arranjo dos deuses do teatro, lá pelas tantas, distinguimos, com nosso olhar, ainda imaturo, a figura de Nelson Rodrigues. Com seus passos tímidos, descia as escadas aveludadas da plateia despertando uma alegria imensa nos atores que se movimentavam no palco. Parecia que toda aquela sensação de um mundo em rodopio, cuja transformação vertiginosa atemorizava a todos, ficara do lado de fora do prédio. Mas é preciso tomar cuidado com as aparências.

Identificada, por vários estudiosos, como um aspecto decisivo em sua obra, a cidade grande ganharia novos contornos por essa época e tornaria ainda mais agudas as crises e as formas de expressão e compreensão encontradas em nosso escritor. É como se os elementos incorporados por Nelson Rodrigues em seu imaginário — as ruas, os automóveis, o ritmo feérico, a fábrica, a imprensa, o telefone, o futebol, as delegacias, o banditismo —, que ajudaram a cidade a ganhar um protagonismo inquestionável em sua obra, entrassem numa nova escala de grandeza. Em outras palavras, é possível registrar, de modo ainda mais intenso, um abalo profundo no tecido social. E isso irá ocorrer como consequência da brutal transformação daqueles últimos anos. O país ingressara num outro estágio de relações econômicas, políticas e culturais, no qual se consolidava, sob a égide de um autoritarismo, a internacionalização do capitalismo. É nesse caldo de cultura que veremos surgir as condições objetivas ainda mais propícias para a explosão de recalques profundos. Nesse quadro, não é difícil perceber como "problemas e situações essenciais da espécie" serão atiçados à exaustão, em especial nos setores populares e classes médias.

Por sua vez, o avanço na produção cultural e artística, com as reflexões propiciadas pelos experimentos estéticos, muitos deles interessados em entender esse brasileiro multifário, em uma sociedade plena de graves contradições, celebraria — e em alguns casos ajudaria — que o país tivesse perdido a pouca inocência que lhe restava. E evidentemente o teatro de Nelson Rodrigues teve uma parcela de contribuição significativa nessa trajetória complexa e instigante. Em sua dramaturgia podemos distinguir, em especial, a explosão de uma violência de ordem civilizatória que se relacionaria intimamente com as entranhas do grande corpo social. Com toda a sua exuberância e perversidade, estabelece um predomínio sobre todos os demais elementos. Acentuada, em parte, por uma herança colonial e escravocrata que se estenderia para além do registro histórico oficial, esparramaria uma naturalização sob o manto de um "reinado de obscuridade silenciosa", para usar a expressão de Said.

A violência, presente em parte considerável na história da literatura dramática, receberá em Nelson Rodrigues um princípio de construção, constituindo-se no grande eixo dos acontecimentos. Exercerá uma enorme carga simbólica, gerando vínculos significativos com experiências diversas do conhecimento e da sensibilidade. Para tanto, o nosso dramaturgo se utilizará de recursos para além de qualquer realismo. Nesse sentido, irá explorar intensas analogias com a realidade sem, contudo, se confundir com ela. Esse aspecto diz muito de sua obra.

Encontramos, pois, uma construção cênica situada numa dimensão que se supõe "real", amolecida por uma plasticidade que se nutre de elementos do melodrama, da cultura midiática, de um naturalismo disforme e canhestro, da sátira e do cruzamento intencional entre ficção e parcela do próprio *real*. Numa palavra, teremos em Nelson Rodrigues a predominância de uma *teatralidade* em que as convenções cênicas são evidenciadas, interligando-se, por mais paradoxal que pareça, com as profundezas da tradição teatral. Se bem compreendido, o recurso da teatralidade reforça a sua dimensão do jogo, na maioria dos casos, estimulando uma percepção menos rendida ao teatro de mimese psicológica.

Com esses dados podemos avançar para camadas mais profundas, nas quais os acontecimentos dramáticos se expandem e galvanizam, arrebatam e inflamam, num jogo que perturba a razão e a serenidade do espírito, desenvolvendo-se numa progressão em direção ao fim para o qual de uma forma insuspeita eles se encaminham. Esse aspecto torna quase impossível passar a uma leitura mais atenta de suas peças sem considerar aquilo que se tornou uma condição basilar para o seu estudo: a realidade agônica se mistura com as composições de fundo mítico. Personagens criadas com dois ou três traços de um pintor de caracteres são capazes de ganhar uma perspectiva que nos assombra pela intensidade dramática dos seus significantes. Reconhecer significados sucessivos no campo da construção social e psicológica dos personagens se revela desconcertante e aterrador. Em seus campos minados, deixam um espaço aberto em nossa percepção para a "transgressão dos limites".

O título mesmo da peça, *Anti-Nelson Rodrigues*, nos evoca a possibilidade do escritor se servir de uma "mascarada". Em outras palavras, é impossível ignorar a contrariedade que o prefixo associado ao próprio nome do autor produz no leitor/espectador. Assim sendo, é tácito imaginar que o dramaturgo ambicionasse se converter numa espécie de duplo de si mesmo, encenando um tipo de espectro, capaz de rondar eternamente durante as representações do espetáculo, a fim de que atentassem para as formas diversas da arte e os seus significados mais ocultos. Em sua aparência imaginada e etérea, ficaria pairando entre os urdimentos e as cabeças descobertas, numa desabrida construção paródica de *"Je est un autre"* (Rimbaud). Sem pilhérias, é claro, pois se soubermos ir além das situações e peripécias, como já observado, verificaremos que elas têm o poder de nos lançar, melhor, de fazer expandir o nosso olhar através das formas gritantes construídas pelo escritor. Estaremos próximos daquilo que Flora Sussekind identificou como "fundo falso", retomando uma fala presente em *Bonitinha, mas ordinária:* "Mas essa frase tem um fundo falso.

E a verdade está lá dentro. Compreendeu agora?", em que o mundo se lê pelo avesso e se torna mais bem compreendido, apesar de desagradável.

Ao derrubarmos as frágeis aparências, entre contradições e surpresas, passamos a reconhecer a desmedida de sua personagem principal, Oswaldinho, cuja dramaticidade se equilibra entre duas formas do olhar: "um olho pode ser doce e o outro cruel, assassino." As duas faces de Oswaldo/Oswaldinho lhe conferem seu aspecto de enigma, com um alcance mais geral da própria condição humana. É interessante assinalar, ainda que não tenhamos condições de aprofundar esse problema da complexidade contraditória de cada um, que se trata de uma situação análoga à figura de Seu Noronha, em *Os sete gatinhos*.

Como observa Antonio Candido, em ensaio famoso, "os anjos e as bestas trafegam mais ou menos livremente em todos nós". Com Oswaldinho não seria diferente. Rebelde, jovem "bonito e atlético", o seu comportamento evidencia mais do que a sua condição de um homem, que vive confinado dentro de uma torre familiar, filho de Gastão, milionário industrial capitalista, apesar de toda a sorte de libertinagem possível que a vida lhe facilita. Com todas as paixões, controles e proteções pelas quais se vê enredado, tem uma natureza violenta, perversa — mata aos poucos o próprio pai, enviando-lhe cartas anônimas, que, por seu lado, passa todas as noites sem sono, "morto e sem sono", como se já não mais existisse.

Em sua desmedida, Oswaldinho passa cheques vultosos sem lastro, que são cobertos pelo pai. Rouba joias de Tereza, sua mãe, para pagar dívidas que contrai sofregamente. Como sabemos, o dinheiro é o centro mal, mas é também fetiche, carregado de uma carga simbólica exorbitante. Ora, muito além da vaidade humana e dos desejos, as joias estão relacionadas à libido, a forças ctônicas que evocam paixões e ternuras e têm algo de maternal e protetor. Assim, ao ser inquirido pela mãe sobre o seu ato, Oswaldinho avança para Tereza dizendo que o culpado daquilo é seu pai. "Culpado de quê?", pergunta a mãe, e não obtemos resposta. A cena é cortada para o quarto dos pais. "Ontem meu filho me olhou como se. E não estou bêbedo, Tereza. Meu filho me olhou como se desejasse a minha morte. Fique sabendo que Oswaldo." As palavras falam demais. Melhor guardar silêncio talvez daquela que seja uma experiência a envolver interdições muito arcaicas que se perdem no tempo. Nos contrapontos das cenas curtas, recurso mais do que reconhecido no nosso escritor, podemos verificar uma construção dramática que vai se desenvolvendo por situações complementares, ainda que antagônicas. Assim, Oswaldinho insiste com a mãe. Quer saber o outro lado da história: "Ouvi meu pai dizer que, se eu morresse, seria o dia mais feliz *(desatinado)*, o dia mais feliz da vida dele. Minto?"

Terrível é a experiência humana quando se quer ir além, conhecer, mas não se dispõe dos meios necessários para se atingir tal fim, para assimilar aquilo que for revelado. Para tanto, precisa-se de completo e irrefutável conhecimento sobre essa mesma dimensão humana que a personagem de Oswaldinho está longe de dominar. Mas Oswaldo está fora de sintonia com a vida de todos os dias; é um ocioso. Com efeito, resolve as suas pulsões mais violentas recebendo proteção da própria mãe, que anteriormente lhe chamara de ladrão, insistindo agora para que fique com as joias, pois, afinal, perdoou aquele gesto do filho. E essa mesma mulher se agarra e desce pelas pernas numa compulsão erótica. *"Tereza, abraçada ao filho, escorrega ao longo do seu corpo. Está de joelhos, abraçada às suas pernas."*, filho esse por quem ela é "capaz até de matar". Ela que se vê fracassada como mulher, que não fora amada por homem algum, nem por Gastão, pai de Oswaldinho, nem por ninguém: "Eu não tenho nada, mas tenho meu filho." Esse mesmo diálogo se contrapõe a outro, sugerindo um recurso estilístico análogo à parataxe na poesia. A ideia da justaposição se impõe na construção dos versos, não havendo conjunções, deixando ao leitor que ele realize em seu imaginário a complementaridade sugerida no texto. Ora, exatamente esse recurso deixa implícita a sombra de um parricídio: mas, afinal, de que aquele pai é culpado? "A culpa do pai é de ele não morrer."

Mais tarde, num desdobramento de pressões e desejos — Oswaldinho junto a Tereza, e esta em face do marido —, o rapaz ganha a presidência de uma Fábrica de Confecções, de valor incalculável. Oswaldinho, contudo, irá se apresentar como um capitalista ingênuo, condição que o melodrama, em sua dimensão hiperbólica, nos ajuda a enxergar com bastante clareza. Realiza o ato simbólico do aperto de mãos aos funcionários quando chega para iniciar os trabalhos na empresa. As intenções daquilo (o que deveria obviamente ser mantido em segredo) são por ele consideradas apenas uma demagogia barata, que pode ser revelada em todas as suas intenções mais espúrias, como numa bravata. Em vez de guardar silêncio, ele mostra desconhecer a velha máxima das relações de poder. Em outra situação, desconsidera importantes relações comerciais com o estrangeiro, deixando os americanos, responsáveis pela exportação de duzentas mil calças, esperando lá fora. Nessa nova condição de presidente da fábrica, concentrará todos os seus esforços em seduzir Joice, que entrara no dia anterior para a empresa, tornando-a sua secretária. Tomado de uma paixão fulminante, permanece trancado em seu gabinete com a moça. Irresponsavelmente, como num folhetim, parece se negar a assumir integralmente a máscara social que ele mesmo ambicionou. E isso tem um preço igualmente incalculável.

Joice é uma moça de subúrbio, moradora de Quintino, bairro da Zona Norte da cidade. Esse é um recurso importante, como observa Hélio Pellegrino ao comparar a estratégia do dramaturgo àquela empregada por Balzac, pois reforça a escolha por um "ambiente provinciano", envolto na rotina do trabalho e da servidão. Adventista, Joice encarna um *éthos* que se pauta pela distinção entre virtude e vício, rigidez de princípios e castidade, tendo desenvolvido uma fé inabalável na capacidade de enfrentar o mundo. O pai, Salim Simão, é uma recriação de um personagem do próprio Nelson Rodrigues, que, por seu turno, existiu na vida real. Vive em meio à atmosfera de "A media luz", tango imortalizado por Carlos Gardel, que o embala na lembrança de quando conheceu a mãe de Joice, morta de câncer. Temos, portanto, camadas importantes que acenam para a entrada de uma composição ficcional em que os personagens deixarão de se movimentar apenas sob um rígido esquema mais convencional das circunstâncias dadas, para romper com isso e explorar uma dimensão metalinguística na ação dramática da peça.

Em seu desdobramento dramático, Oswaldinho se revela cada vez mais violento, a ponto de espancar o seu grande amigo, Leleco, que se interpõe em sua caminhada em direção a Joice. Transtornado, oferece dinheiro à moça para ela passar uma hora com ele num apartamento. O recurso do aluguel do corpo de outra pessoa impõe uma tensão que poderia ser considerada uma "cegueira da paixão". É evidente, no entanto, um profundo traço de misoginia em Oswaldinho. A ausência de empatia pela mulher é algo que vai se intensificando a cada cena, gerando as condições propícias para um desenlace fatal. Numa exaltação devastadora, Oswaldinho não encontra mais limites, revelando a Joice que há dez anos mata o seu pai. E numa transposição, avança em seus propósitos: *"(com nova exaltação)* Mas se eu faço isso, posso, não posso? Estamos num décimo andar, sozinhos. E eu posso te agarrar pelos cabelos, morder tua boca, violar você!" Ao longo da peça, as duas mulheres, Tereza e Joice, afirmam insistentemente que Oswaldinho é bom. Em especial, Joice plasma uma estrutura romântica, numa vivência de um país moderno, cujos valores morais se encontrariam corrompidos. Ela não considera o comportamento de Oswaldinho como sua atitude natural, mesmo quando ele tenta forçá-la violentamente: "O senhor é bom. Oswaldinho — *(entre surpreso e divertido)* — Pareço bom? — Não. *(rapidamente)* Parece mau, mas é bom."

A dialética entre essência e aparência ganha novos contornos, impondo uma reviravolta ao conflito, como se a exceção naquele homem confirmasse a impossibilidade do exercício da bondade na maioria dos mortais. E aí, vem a pergunta: essa tese teria como ser desmontada? Ao avançar sobre o tema da violência, a peça apresenta não somente o ódio visceral do homem pelo homem, mas, igualmente, as fugas mais ou menos inconsequentes ao enfrentamento dessa experiência civilizatória, diante da qual o sujeito da era moderna, liberto das tradições e estruturas estáveis, se encontra num outro patamar profundamente dilacerado. As mudanças de humor em Oswaldinho, a maneira como ele é compreendido pela mãe e por Joice, pensamos, vão além da própria compaixão do nosso dramaturgo pelo personagem, conforme indica nossa epígrafe.

E, aparentemente, estaremos diante de um final em que o escritor, contra todas as evidências de sua obra, irá tomar partido da personagem, dela se apiedando, resultando num final feliz. Joice vai ao encontro de Oswaldinho, em seu apartamento, a fim de consumar a sua entrega e receber o dinheiro oferecido. Chegando ao local, a jovem, ao receber o cheque, numa "raiva minuciosa", rasga-o em mil pedacinhos. Oswaldinho fica petrificado. Em seu enrijecimento fisionômico, mostra, como se estivesse numa encenação trágica, a "inexpressividade da morte". O beijo que recebe de Joice sela o amor e o fim. Na última rubrica, está escrito que se beijam na boca "como nos filmes antigos". Essa imagem ambígua nos lança em uma última questão: o que significa realizar uma espécie de simulacro desse tipo de experiência? Pode ser compreendido apenas como uma sugestão do autor para a pose romântica que se espera de um casal. Mas pode ser diverso. Como se ao final aquele casal – Oswaldinho e Joice – vislumbrasse a oportunidade de permanecer eternamente preso às suas imagens. O fundo falso das paredes, dos muros e das telas cinematográficas a nos sussurrar que, por detrás daquela aparência, encontra-se algo que está posto ali, de um modo sub-reptício.

Esquadrinha-se, com uma curiosidade à flor da pele, aquela expressão profunda, enérgica, e encontramos os amantes, presos num antigo filme, agora conhecedores dos fatos terrenos e sabedores do que poderá lhes suceder no futuro. No entanto, serão incapazes de saber o que ocorre no presente. É uma bela parábola sobre a condição humana.

SOBRE O AUTOR

NELSON RODRIGUES E O TEATRO

*Flávio Aguiar**

Nelson Rodrigues nasceu em Recife, em 1912, e morreu no Rio de Janeiro, em 1980. Foi com a família para a então capital federal com sete anos de idade. Ainda adolescente começou a exercer o jornalismo, profissão de seu pai, vivendo em uma cidade que, metáfora do Brasil, crescia e se urbanizava rapidamente. O país deixava de ser predominantemente agrícola e se industrializava de modo vertiginoso em algumas regiões. Os padrões de comportamento mudavam numa velocidade até então desconhecida. O Brasil tornava-se o país do futebol, do jornalismo de massas, e precisava de um novo teatro para espelhá-lo, para além da comédia de costumes,

---

* Professor de literatura brasileira da USP. Ganhou o Prêmio Jabuti em 1984, com sua tese de doutorado *A comédia brasileira no teatro de José de Alencar*, e, em 2000, com o romance *Anita*. Atualmente coordena um programa de teatro para escolas da periferia de São Paulo, junto à Secretaria Municipal de Cultura.

dos dramalhões e do alegre teatro musicado que herdara do século XIX.

De certo modo, à parte algumas iniciativas isoladas, foi Nelson Rodrigues quem deu início a esse novo teatro. A representação de *Vestido de noiva*, em 1943, numa montagem dirigida por Ziembinski, diretor polonês refugiado da Segunda Guerra Mundial no Brasil, é considerada o marco zero do nosso modernismo teatral.

Depois da estreia dessa peça, acompanhada pelo autor com apreensão até o final do primeiro ato, seguiram-se outras 16, em trinta anos de produção contínua, até a última, *A serpente*, de 1978. Não poucas vezes teve problemas com a censura, pois suas peças eram consideradas ousadas demais para a época, tanto pela abordagem de temas polêmicos como pelo uso de uma linguagem expressionista que exacerbava imagens e situações extremas.

Além do teatro, Nelson Rodrigues destacou-se no jornalismo como cronista e comentarista esportivo; e também como romancista, escrevendo, sob o pseudônimo de Suzana Flag ou com o próprio nome, obras tidas como sensacionalistas, sendo as mais importantes *Meu destino é pecar*, de 1944, e *Asfalto selvagem*, de 1959.

A produção teatral mais importante de Nelson Rodrigues se situa entre *Vestido de noiva*, de 1943 — um ano após sua estreia, em 1942, com *A mulher sem pecado* —, e 1965, ano da estreia de *Toda nudez será castigada*.

Nesse período, o Brasil saiu da ditadura do Estado Novo, fez uma fugaz experiência democrática de 19 anos e entrou em outro regime autoritário, o da ditadura de 1964. Os Estados Unidos lutaram na Guerra da Coreia e depois entraram na Guerra do Vietnã. Houve uma revolução popular malsucedida na Bolívia, em 1952, e uma vitoriosa em Cuba, em 1959. Em 1954, o presidente Getúlio Vargas se suicidou e em 1958 o Brasil ganhou pela primeira vez a Copa do Mundo de futebol. Dois anos depois, Brasília era inaugurada e substituía o eterno Rio de Janeiro de Nelson como capital federal. A bossa nova revolucionou a música brasileira, depois a Tropicália, já a partir de 1966.

Quer dizer: quando Nelson Rodrigues começou sua vida de intelectual e escritor, o Brasil era o país do futuro. Quando chegou ao apogeu de sua criatividade, o futuro chegava de modo vertiginoso, nem sempre do modo desejado. No ano de sua morte, 1980, o futuro era um problema, o que nós, das gerações posteriores, herdamos.

Em sua carreira conheceu de tudo: sucesso imediato, censura, indiferença da crítica, até mesmo vaias, como na estreia de *Perdoa-me por me traíres*, em 1957. A crítica fez aproximações do teatro de Nelson Rodrigues com o teatro norte-americano, sobretudo o de Eugene O'Neill, e com o teatro expressionista alemão, como o de Frank Wedekind. Mas o teatro de Nelson era sempre temperado pelo escracho, o deboche, a ironia, a invectiva e até mesmo o ataque pessoal, tão caracteristicamente nacionais. Nelson misturou tempos em mitos, como em *Senhora dos afogados*, onde se fundem citações de Shakespeare com o mito grego de Narciso e o nacional de Moema, nome de uma das personagens da peça e da índia que, apaixonada por Diogo de Albuquerque, o Caramuru, nada atrás de seu navio até se afogar, imortalizada no poema de Santa Rita Durão, "Caramuru".

Todas as peças de Nelson Rodrigues parecem emergir de um mesmo núcleo, onde se misturam os temas da virgindade, do ciúme, do incesto, do impulso à traição, do nascimento, da morte, da insegurança em tempo de transformação, da fraqueza e da canalhice humanas, tudo situado num clima sempre farsesco, porque a paisagem é a de um tempo desprovido de grandes paixões que não sejam as da posse e da ascensão social e em que a busca de todos é, de certa forma, a venalidade ou o preço de todos os sentimentos.

Nesse quadro, vale ressaltar o papel primordial que Nelson atribui às mulheres e sua força, numa sociedade de tradição patriarcal e patrícia como a nossa. Pode-se dizer que em grande parte a "tragédia nacional" que Nelson Rodrigues desenha está contida no destino de suas mulheres, sempre à beira de uma grande transformação redentora, mas sempre retidas ou contidas em seu salto e condenadas a viver a impossibilidade.

Em seu teatro, Nelson Rodrigues temperou o exercício do realismo cru com o da fantasia desabrida, num resultado sempre provocante. Valorizou, ao mesmo tempo, o coloquial da linguagem e a liberdade da imaginação cênica. Enfrentou seus infernos particulares: tendo apoiado o regime de 1964, viu-se na contingência de depois lutar pela libertação de seu filho, feito prisioneiro político. A tudo enfrentou com a coragem e a resignação dos grandes criadores.

CRÉDITOS DAS IMAGENS

Página 10: Oswaldinho (*José Wilker*) seduz Joice (*Neila Tavares*) na montagem de estreia de *Anti-Nelson Rodrigues*, dirigida por Paulo Cesar Pereira. Teatro do SNT, Rio de Janeiro, 1974. (Acervo Cedoc / Funarte)

Página 50: Leleco (*Carlos Gregorio*) e Oswaldinho (*José Wilker*) em cena de *Anti-Nelson Rodrigues*. Teatro do SNT, Rio de Janeiro, 1974. (Acervo Cedoc / Funarte)

Página 86: Em *Anti-Nelson Rodrigues*, a mando de Gastão (*Nelson Dantas*), Tereza (*Sonia Oiticica*) acorda Oswaldinho (*Ronaldo Braga*). Teatro Carlos Gomes, Vitória, 1974. (Acervo Cedoc / Funarte)

Direção editorial
Daniele Cajueiro

Editora responsável
Janaína Senna

Produção editorial
Adriana Torres
Mariana Bard
Nina Soares

Revisão
Alessandra Volkert
Daiane Cardoso

Projeto gráfico de miolo
Sérgio Campante

Diagramação
DTPhoenix Editorial

Este livro foi impresso em 2021
para a Nova Fronteira.